"科学的力量"科普译丛
Power of Science
第四辑

Maps for Time Travelers

时间旅行者地图

——考古技术如何领我们返回过去

Mark D. McCoy

［美］马克·D.麦科伊 —— 著

邵彦华 —— 译　石云里 —— 审校

上海教育出版社
SHANGHAI EDUCATIONAL
PUBLISHING HOUSE

丛书编委会

————◆————

"科学的力量"科普译丛(第四辑)总序

科学是技术进步和社会发展的源泉,科学改变了我们的思维意识和生活方式;同时这些变化也彰显了科学的力量。科学技术飞速发展,知识内容迅速膨胀,新兴学科不断涌现。每一项科学发现或技术发明的后面,都深深地烙下了时代的特征,蕴藏着鲜为人知的故事。

近代以来,科学给全世界的发展带来了巨大的进步。哥白尼的"日心说"改变了千百年来人们对地球的认识,原来地球并非宇宙的中心,人类对宇宙的认识因此而发生了第一次飞跃;牛顿的经典力学让我们意识到,原来天地两个世界遵循着相同的运动规律,促进了自然科学的革命;麦克斯韦的电磁理论,和谐地统一了电和磁两大家族;戴维的尿素合成实验,成功地连接了看似毫无关联的有机和无机两个领域……

当前,科学又处在一个无比激动人心的时代。暗物质、暗能量的研究将搞清楚宇宙究竟由什么东西组成,进而改变我们对宇宙的根本理解;人类对宇宙和生命的深层次探索及对地球之于宇宙的科学和哲学思辩;人们对地球生态环境几十年如一日的关注和保护……

以上这些前沿研究工作正是上海教育出版社推出的"'科学的力量'科普译丛"(第四辑)所收入的部分作品要呈现给读者的。这些佳作将展现空间科学、生命科学、物质科学等领域的最新进展,以通俗易懂的语言、生动形象的例子，展示前沿科学对社会产生的巨大影响。这些佳作以独特的视角深入展现科学进步在各个方面的巨大力量，带领读者展开一次愉快的探索之旅。它将从纷繁复杂的科学技术发展史中，精心筛选有代表性的焦点或热点问题，以此为突破口，由点及面地展现科学技术对人、自然、社会的巨大作用和重要影响，让人们对科学有一个客观而公正的认识。相信书中讲述的科学家在探秘道路上的悲喜故事，一定会振奋人们的精神；书中阐述的科学道理，一定会启示人们的思想；书中描绘的科学成就，一定会鼓舞读者的奋进；书中的点点滴滴，更会给人们一把把对口的钥匙，去打开一座座闪光的宝库。

科学已经改变、并将继续改变我们人类及我们赖以生存的这个世界。当然，摆在人类面前的仍有很多的不解之谜，富有好奇精神的人们，也一直没有停止探索的步伐。每一个新理论的提出、每一项新技术的应用，都使得我们离谜底更近了一步。本丛书将向读者展示，科学和技术已经产生、正在产生及将要产生的乃至有待于我们去努力探索的这些巨大变化。

感谢中科院紫金山天文台的常进研究员在这套丛书的出版过程中给予的大力支持。同时感谢上海教育出版社组织了这套精彩的丛书的出版工作。也感谢本套丛书的各位译者对原著相得益彰的翻译。

是为序。

南京大学天文与空间科学学院教授
中国科学院院士
发展中国家科学院院士
法国巴黎天文台名誉博士

献给安、埃尔茜和萨姆

前　言

　　考古学和时间旅行的故事之间有什么联系呢？实际上有很多。作为满足我们对过去世界好奇心的两种方式，时间旅行是一类广为人知的故事题材；相比之下，考古学对我们而言则更为陌生：那些呈现在我们眼前的事物和它们出现的原因，并不总是清晰可辨。

　　作为一名考古学家，我将在本书中展现地理空间技术究竟为各类探索历史的手段带来了多么巨大的改变。本书将为读者上一堂简明扼要的速成课，以尽可能少的术语介绍全球定位系统（GPS）、卫星影像、数字地图和其他诸如无人机或三维激光扫描仪等越来越普及的技术，以及如何运用它们绘制一幅更加完善的古代世界图景。

　　对于那些专精于一门特定的技术，以使其更好地服务于考古学的同事，我深表敬意。然而，我却是一名"技术杂食者"——多年来，我使用过书中所描述的每一种地理空间技术，去探寻有关太平洋岛屿上的居民在与外界接触之前的生活的知识，而这条探索之路则始自学习使用被称作地理信息系统（GIS）的数字制图软件。

　　20 世纪 90 年代末，我开始尝试在考古学中引入 GIS。彼时，我还是加利福尼亚大学伯克利分校的一名博士生，这项技术尤其适合我对夏威夷群岛古代经济和社会的发展趋势在聚居地景观变迁中的反映展开研究。位于群岛中心的小小的莫洛卡伊岛，也就是我开展研究的场所，基本未曾受过现代城市化的冲击；这意味着如今人们依然可以徒步穿行其中，流连于成千上万的石墙和房屋、寺庙以及其他数百年前的建筑废墟之间。如果没有 GIS 的帮助，我可能现在仍会在那儿徘徊搜索。GIS 不仅为我提供了一种整理及探索广阔、连续的地物地貌的全新手段，更能使我进行几乎不可能靠手动计算完成的空间分析。这些分析揭示了小社群的变迁如何能够融入这座岛屿更为宏大的历史——借由岛民的口述传统代代相传下来的岛屿历史。

这些对夏威夷群岛和其他太平洋岛屿的研究，只是"考古学的地理空间革命"的一小部分。2006 年，当我正式获得自己的第一份学术职位——在硅谷的圣何塞州立大学教书时，考古学已经在解决应用 GIS 这项新技术时遇到的问题上取得了很大进展，学者们开始研究整个聚居地的地貌，而不仅仅是个别遗址。与此同时，在硅谷的其他地方，谷歌公司正将 GIS 向普罗大众普及，并推出了他们的数字地球——谷歌地球和一种基于网络的 GIS——谷歌地图。虽然并非为考古学而创，但基于网络的 GIS 比以往任何手段都更容易拉近现代人与古代世界实物遗迹的距离。

新的遥感和高分辨率测量技术所带来的海量新数据无疑真正推动了地理空间革命的发展。在过去的 10 年间，卫星影像的分辨率显著提高，使得使用卫星寻找和绘制考古遗址更加可行，考古学家对三维模型和无人机拍摄的惊人图像的运用也已呈井喷之势。机载激光雷达则因使我们能够绘制那些被茂密树冠掩盖的景物——这在考古学家们的研究中尤为有用——而拥有了在考古学应用的诸多技术中堪比放射性碳定年法（radiocarbon dating）的声誉。

这场革命在我 2014 年搬到达拉斯，于南卫理公会大学任教时已经如火如荼，但却缺失了极为重要的一环。我们忘了向公众解释这些飞跃对于考古学究竟意味着什么。其结果则是考古学再次被误解为某种寻宝活动，而不是对知识的追求。我读过一些耸人听闻的考古学新闻报道，如此夸夸其谈，深为视考古学家为"寻宝者"的论调所误导，以至于与当代考古学的实际情况毫无相似之处。

因此，我决定静下心来，仔细思考如何以一种新的方式解释事物——以一种可以触动每个人对遥远过去好奇心的方式。随后，答案豁然开朗：时间旅行。我们并非在利用这些新技术为寻宝者制作新的寻宝图，而是为时间旅行者们绘制过往世界的地图。诚然，这项工作并非如字面描述的那样，为来自未来的穿越者们绘制一份地图以供他们设定自己的导航系统，然后出发回到古代；但我们确实为精确划定事物发生的具体时间和地点殚精竭虑。我很难想象，除了真的为时间旅行者们编写一份"穿越指南"外，还能做些别的什么呢？

如果你想了解这项技术如何能够为时间旅行者绘制地图，不妨花一分钟看看斯坦福大学的罗马世界地理空间网络模型——ORBIS。创建该模型的目的是以一些比距离更贴切的因素来刻画罗马帝国的通信成本，具体来说，就是时间和金钱。它可以告诉你乘坐牛车从罗马到伦敦需要多长时间，费用是多少。它基本上就是公元 200 年欧洲、中东和北非的 Expedia[①]。

我喜欢时间旅行的故事，但几乎所有故事中的时间旅行者都从未去过我最感兴趣的时代：书写发明之前的时代。更令人奇怪的是，许多人甚至从未关注过它。这是令人沮丧的：大部分人类史实际上发生于书写诞生之前。这也是我认为这一点十分重要的原因，即本书将杂陈关于各种不同时期和地区的研究，而非仅限于我本人的研究。

本书并非一本关于已产生的事物的指南，而是关于我们如何探究这些事

---

① 全球知名的在线旅游公司。——译者注

物的指南，也是一本关于如何辨别现实和虚构的指南。本书将首先简要介绍考古学家如何甄别地点以及选取用以创建数字世界的工具。这些技术已经在考古学中广泛应用，而在处理某些主题时显得尤其得心应手，例如追溯古代的人口迁移和人口流动，了解我们的祖先如何养活自己，以及重建他们所建立的社会。在结尾处，除了迄今为止人们重点关注的少数领域之外，本书将更为广泛地讨论应用地理空间技术所面临的部分挑战，以图扩展和深化我们对古代世界的了解。

关于地理空间考古学的优秀书籍、篇章及文章可谓汗牛充栋。当我为撰写这本书进行调研时，我发现仅过去 10 年就有约 3000 份关于使用地理空间技术进行考古研究的参考资料。在这次调研中，我注意到了那幅不寻常的图片，如今它被印在本书封皮上：乍一看去，它像一条长而深的峡谷。实际上，它是最近在坦桑尼亚的来托利遗址发现的一个浅足迹；保存在火山灰中，距今超过了 300 万年。它基于一个通过从不同角度拍摄多张照片生成的三维模型制作而成——是一种被称为摄影测量（photogrammetry）的过程。据估计，留下这个足迹的古人类比之前有足迹留存的其他人类要大得多，因此挖掘者们给其起了个绰号"楚威"（Chewie），就像楚巴卡（Chewbacca）[①]一样。我找到的大部分参考资料，比如关于"楚威"足迹的论文，都是为供其他研究人员参阅而写的。它们的专业化程度如此之高，以至于即使对于相关学科的学者来说，解读起来也十分困难。

考古学家们并不打算使自己的研究内容晦涩难懂，而更希望分享自己正在开展的工作。对我个人而言，我特别喜欢将我的研究与我所研究的那些人的后代分享。也许我们没有共同的祖先，但在某个时刻，我们因共同的历史好奇心而聚首。过去的遗迹是珍贵的，但并不罕见；考古学家已经在世界

---

① 楚巴卡是著名电影《星球大战》中的一个人物角色，体型高大，毛发浓密，是汉·索罗（Han Solo）的忠实伙伴和副驾驶，"楚威"是索罗对他的昵称。——译者注

各处的数百万个地点记录了这些遗迹的位置。我不知道这种历史好奇心是否为全球各地的人所共有，但我衷心希望它成为可能。因此，如果你从未读过关于考古学的书，但喜欢时间旅行并想从中一窥究竟，那就准备好一起出发吧！

马克·D.麦科伊

达拉斯，得克萨斯

2019 年 6 月

致　谢

我可以非常肯定地告诉你，在我有生之年，时间旅行不会实现。我之所以肯定，是因为如果它真的会实现，未来的我一定会在《时间旅行者地图》的手稿还处于萌芽阶段时，就把它的完稿寄给当下的自己。遗憾的是，没有未来的我为我的写作助力。但值得庆幸的是，当下很多人愿意伸出援手，没有他们，我永远也不可能完成这本极为小众的书。

我首先要向那些在现在和遥远的过去为我在这里描述的考古学作出贡献的人表示感谢。我很早就决定，要理解地理空间革命，就必须思考这项技术是如何应用于玛雅地区、中东和其他许多地方的，而不仅仅是我熟悉的太平洋岛屿。这就意味着我必须写我从未去过的地方，以及我尚未成为专家的时期。我已经尽力而为，如有任何错误或解释不当之处，在此深表歉意。

感谢各位学者对本书早期版本的阅读和广泛评论：戴维·G. 安德森（David G. Anderson）、杰西·卡萨纳（Jesse Casana）、马克·基林斯（Mark Gillings）、K. 安·霍斯伯勒（K. Ann Horsburgh）、梅根·C. L. 豪伊（Meghan C. L. Howey）、瑟根·N. 拉迪福吉德（Thegn N. Ladefoged）、蕾切尔·奥皮茨（Rachel Opitz）和基莎·苏伯南特（Kisha Supernant）。他们帮助我梳理了框

架结构，促使我对我们利用这些技术所做的工作进行了现实而非理想化的描述，并讨论了我们必须做些什么才能更广泛地利用这些工具来实现其益处。我还要感谢玛利卡·布劳沃·伯格（Marieka Brouwer Burg）、安德鲁·杜夫顿（Andrew Dufton）、梅根·C. L. 豪伊、约翰·坎特纳（John Kantner）和帕克·范·沃肯堡（Parker Van Valkenburgh），感谢他们最近为美国考古学会各场会议所做的工作，他们的工作使本书所涉及的主题成为学术焦点。

本书最开始是一本相当枯燥的考古学地理空间革命的学术评论，注定要成为少数专家的书架装饰品。我花了一些时间才想出如何将这些想法传达给更多读者，而真正做到这一点则需要更长的时间。这些年来，我得到了很多人的帮助，他们分享了自己对考古学、时间旅行或两者兼有的想法。我想感谢他们所有人，尤其是迈克·阿德勒（Mike Adler）、迈克尔·阿尤瓦拉西特（Michael Aiuvalasit）、海伦·奥尔德森（Helen Alderson）、梅琳达·艾伦（Melinda Allen）、安德烈亚·巴雷罗（Andrea Barreiro）、尼克·贝卢佐（Nick Belluzzo）、西蒙·比克勒（Simon Bickler）、迈克尔·卡拉汉（Michael Callaghan）、比尔·克里斯托弗（Bill Christopher）、邦尼·克拉克（Bonnie Clark）、玛丽亚·科德林（Maria Codlin）、戴维·科汉（David Cohan）、道格拉斯·C. 科默（Douglas C. Comer）、卡里莎·克洛尔德（Karisa Cloward）、乔恩·丹克（Jon Daehnke）、杰夫·迪安（Jeff Dean）、卡罗琳·迪莲（Carolyn Dillian）、森迪·艾泽尔特（Sunday Eiselt）、凯利·艾什（Kelly Esh）、肖恩·费伦巴赫（Shawn Fehrenbach）、朱莉·S. 菲尔德（Julie S. Field）、詹姆斯·L. 弗莱克斯纳（James L. Flexner）、埃斯特万·戈麦斯（Esteban Gómez）、乔希·古德（Josh Goode）、迈克尔·W. 格雷夫斯（Michael W. Graves）、雷吉娜·伊洛（Regina Hilo）、凯西·霍伦巴克（Kacy Hollenback）、K. 安·霍斯伯勒、亚当·约翰逊（Adam Johnson）、菲奥娜·乔丹（Fiona Jordan）、亚历克斯·约根森（Alex Jorgensen）、伊恩·乔格森（Ian Jorgeson）、吉尔·凯利（Jill Kelly）、布里吉特·科瓦切维奇（Brigitte

Kovacevich）、斯潘塞·兰伯特（Spencer Lambert）、贾森·E. 刘易斯（Jason E. Lewis）、瑞安·洛卡德（Ryan Lockard）、斯泰斯·梅普尔斯（Stace Maples）、彼得·米尔斯（Peter Mills）、马特·麦科伊（Matt McCoy）、戴维·J. 梅尔策（David J. Meltzer）、玛拉·A. 穆尔鲁尼（Mara A. Mulrooney）、李·帕尼奇（Lee Panich）、塞思·昆塔斯（Seth Quintus）、艾莉森·罗尔斯顿（Allison Ralston）、莱斯利·里德－迈尔斯（Leslie Reeder-Myers）、安迪·罗迪克（Andy Roddick）、克里斯·鲁斯（Chris Roos）、利比·拉斯（Libby Russ）、杰西·斯蒂芬（Jesse Stephen）、吉莉恩·斯威夫特（Jillian Swift）、特雷西·塔姆－辛（Tracy Tam-Sing）、尼科·特里普切维奇（Nico Tripcevich）、乔舒亚·韦尔斯（Joshua Wells）、史蒂夫·韦恩克（Steve Wernke）、查梅因·翁（Charmaine Wong）。

南卫理公会大学不仅为我提供了 2017 年秋季学期的研究假，还为我创造了一个可以与学者交流互动的学术环境，帮助我跳出狭隘的专业思维，从而更广泛地支持了我的这项工作。我特别感谢跨学科研究集群 GIS@SMU 的共同组织者克劳斯·德斯梅特（Klaus Desmet）和杰西·扎拉扎加（Jessie Zarazaga），以及由蒙尼·麦吉（Monnie McGee）和丹尼尔·恩格斯（Daniel Engels）组织的大数据工作组，其中包括杰夫·卡恩（Jeff Kahn）、贾斯廷·费希尔（Justin Fisher）、珍妮弗·德沃劳克（Jennifer Dworak）、戴夫·马图拉（Dave Matula）和伊莱·奥利尼克（Eli Olinick）。

感谢我的编辑凯特·马歇尔（Kate Marshall），感谢她在很多事情上的帮助，以及粉碎了加利福尼亚大学出版社不再出版考古学书籍的谣言。非常感谢我的内容编辑梅甘·皮尤（Megan Pugh），她敏锐地将非小说部分的信息抽出，从而抑制了我往科幻故事偏题的倾向，并帮助我确定了书名。感谢卓越的文字编辑卡罗琳·纳普（Caroline Knapp），她优雅而幽默地清除了我留下的错误。感谢恩里克·奥乔亚－考普（Enrique Ochoa-Kaup）、汤姆·沙利文（Tom Sullivan）以及出版社的其他团队为本书的出版提供了宝贵的帮助。

　　我的亲身经历告诉我，一本关于考古学的书可以改变人的一生。改变我一生、让我走上职业道路的那本书，是太平洋考古学界的泰斗帕特里克·V. 基尔希（Patrick V. Kirch）最早出版的书之一。此后，他又写了很多书，我已经数不清了。在最近出版的面向公众的学术著作中，他讲故事的天赋得到了充分展示。我没有他那样的天赋，但他后来的那些书给了我写这本书的信心。为此，我要对他说，"非常感谢"（原文为夏威夷语"mahalo nui loa"。——译者注）。

　　我不清楚自己对地图的痴迷可以追溯到什么时候。不过，我确实记得自己开始接触数字地图世界的时间。为此，我要感谢一个人：瑟根·N. 拉迪福吉德。他是地理空间考古学的领军人物。我们相识已有 20 多年，本书的精华部分都是他的功劳。他也是我的朋友，有时我觉得有必要向其他人指出这一点，因为全神贯注地投入学术讨论有时看起来很像在争吵。他经常是对的，但请各位读者不要告诉他这是我说的。

　　我的父母过早地离开了我们，在我们成长的过程中，他们让我和兄弟姐妹们接触了许多电视屏幕上的内容。如今，我的哥哥马特·麦科伊是我的科学幻想导师。他阅读了这本书的初稿，并为此作出了巨大贡献。我的姐妹埃琳·洛卡德（Erin Lockard）永远比我酷得多。在我写作时，他们就是我想象中的目标读者：聪明，喜欢好故事，但并非地理空间技术或考古学专家。

　　本书的核心观点——考古学更像一个时间旅行故事，而不是一个冒险故事——我觉得这一观点曾在我面前驻留许久，但随后又一下在我的眼前闪现。于是，我找到我的妻子，向她提出了这个想法。她是 K. 安·霍斯伯勒博士，生物人类学家、教授，古 DNA 专家，拥有斯坦福大学博士学位。即使没有这些资质和证书，她仍是我们家的主心骨。她一眼就洞穿了我的意图，而我知道自己走对了路。这本书的每一页都饱含着安的心血。为此，还有许多其他原因，我把这本书献给她，也献给我们的两个小小时间旅行者——埃尔茜和萨姆，我们正送他们前往未来。

目 录

I
Part

第一部分

— 第一章 —
历史好奇心

据我们所知，人类是地球上唯一能够想象自己出生之前的世界是什么样子的生物。在被问及想象中数百年或数千年前的生活是什么样子时，每个人在脑海中形成的画面都是独特的。即使是在参观博物馆的同一件物品，或者参观同一座古城的废墟时，也并无两个人能想象出完全相同的东西。而且，坦率地说，我们所想象的很多东西都只是纯粹的猜测。

事实证明，推测过去是人类长期以来一直在做的事情。作为现存最早的艺术活动的实例，某些保存于洞穴中的壁画生动地展示了一片充满奇异动物的景象，其中的许多动物业已灭绝。可以肯定的是，如果我们的祖先有能力创造和理解艺术——这个过程大约始于 5 万年前——那么从那时起，关于过去的起源故事、神话和传说便已经被代代相传了。[1]

在流行小说中，考古学家们会冒险并寻找过去的遗物，像是印第安纳·琼斯（Indiana Jones）、劳拉·克劳馥（Lara Croft）①：他们的故事都是冒险故事。但现代考古学家的工作并不是盗墓夺宝。我们从事的是重现人类过

---

① 印第安纳·琼斯是冒险动作类系列电影《夺宝奇兵》中的主角，劳拉·克劳馥是冒险动作类游戏《古墓丽影》系列以及相关电影、漫画、小说的主角。——译者注

往的科学事业。因此，作为一类故事主题，冒险故事（以最宽容的说辞而言）与实际的考古活动并不相符。考古学家更像是创造并沉迷于时间旅行故事的人：对历史本身怀有深深的好奇。我们对文物的兴趣并非源于文物本身，而是因为它们可以帮助我们理解创造它们的古代社会。

人类取得的巨大技术飞跃使我们可以把过去所发生的事实与故事区分开。文字记录、地图和日历是最早的例子，可以追溯到 5000 年前，以令人难以置信的细致程度捕捉并留存了某些时刻和地点的细节。在过去的两个世纪里，忠实记录图像和声音的技术使我们能够通过历史照片、录音和电影来体验过去。自 20 世纪 50 年代以来，放射性碳定年法的问世使考古学可以从世界各地的物证残片——包括人工物件和建筑中提取信息，并将其拼凑成一个越发连贯的全人类历史图景。

由于大量地理空间技术的涌现，人们对遥远过去的探寻也迎来了一次巨大飞跃。"地理空间"（geospatial）一词的含义是各类事物在地球上的相对位置。我们熟悉的技术被囊括在使用位置数据的设备和应用中。需要行车去往某个地方？你手机里的 GPS 会利用位置信息与共乘司机互联，数字地图则会绘制通往目的地的路线。想预览目的地的概况？你有很多选择——数字地图、卫星和街景图像以及建筑物和周围景观的三维模型。随着增强现实和虚拟现实技术变得更加普遍，现实世界与数字世界的融汇将是大势所趋。

像谷歌这样的科技公司通过地理空间技术赚取了大量财富。但是，许多这类技术并不是起源于硅谷。例如，GPS 有着相当引人入胜的历史。GPS 是在冷战时期研发的，多年来一直是被严格保守的军事秘密。更神奇的是，GPS 之所以能够工作，要归功于理论物理业已取得的进展，而这些进展出现在第一颗卫星发射的 50 年前。卫星群三角定位需要精确的时间同步，对身处地面的我们而言，做到这一点似乎易如反掌，因为保持着完美时间同步的原子钟遍及整个世界。但在 GPS 卫星上，时间以不同的方式流逝。卫星轨道上较弱的引力和卫星的惊人速度意味着每颗 GPS 卫星经历的一天比我们的一天短 38 微秒（百万分之一秒）。虽称不上是时间长河中的一场宏大旅行，但却足以导致地面设备和卫星无法同步——设备可不会自发地考虑相对论效应带来的影响。

作为较早运用地理空间技术的研究者，考古学家们在研究、解释和呈现古代世界——以及生活于其中的古人的生活——的蛛丝马迹上取得过亮眼的成就。有些人使用安装在飞行器上的激光器来揭示丛林下的城市遗址。另一些人则群策群力，创建数字地图集和索引，为数十万个考古遗址站点的记录存档。［在本书中，我使用"考古学"（archaeology）一词来指代"对过去人类生活和活动的物质残余（如工具、陶器、珠宝、石墙和纪念碑等）展开的研究"，亦指"人类的文化遗址"。为通顺起见，统一译为"遗址"。］还有一些人使用了无人机或地面三维激光扫描技术——一项既可保存遗址全貌，又可使游客们在虚拟空间中对世界上最不可思议的古迹内部一探究竟的强大技术。

随着技术的发展，地理空间工具已从一个相对狭窄的应用领域逐渐拓展到我们考古学家所做工作的方方面面。诚然，古代世界可能正渐行渐远，消逝在历史长河之中，但借助地理空间技术，考古学家正使我们比以往任何时候都更接近它。在人类历史上，我们从未重建过更好、更完整、更触手可及的过去图景。这无疑是一场地理空间的革命。作为个人，我们自然仍需努力辨别事实和虚构的界限。但如今我们还面临一个全新的问题：如何赋予此等庞大的信息量以意义，并将其塑成一幅关于过去的清晰画像？

· · ·

作为虚构的时间旅行和作为科学的考古学几乎从未被同时谈论过，所以在深入探讨之前，我想先阐明一些关于它们的历史问题。

首先，值得重视的是，在考古学出现之前的许多年里，《圣经》被认为是一本历史书。例如，在 1650 年，一位爱尔兰大主教甚至通过数算《圣经》中提及的家族的世代计算出了地球诞生的具体年份。据这位大主教估计，我们的星球在距今 6000 年的公元前 4004 年诞生。当欧洲人来到北美和南美时，为了解释《圣经》中没有提到的美洲原住民的存在，一些人称他们是失落的以色列部落的后裔。然而，随着时代的推移，人们发现这些解释越来越难以与新发现的确凿证据相符：越来越多的证据表明，我们的历史曾以一种完全不同的方式展开。到 19 世纪，新兴的地质学揭示了诸如科罗拉多大峡谷的自然地貌是由于数百万年的侵蚀形成的。科学家们明确指出，地球的年龄是 6000 年的好多倍。

大约在同一时间，克里斯蒂安·汤姆森（Christian Thomsen）设计出了一种全新的遗物（antiquities，被称为年代久远的文物）分类法，当时他负责在哥本哈根国家博物馆展出考古新发现。汤姆森经过推理认为，在地下深处发现的石器必定来自冶金术产生之前的时代；基于地层中其他工具的分布又可得知，青铜时代必定出现在铁器时代之前，从而确立了"石器时代、青铜时代和铁器时代"的划分。[2]这位 19 世纪文物学家的发现并非孤证，其他自称自然哲学家的人观察到石器时代的沉积物中包含已灭绝动物的骨骼。这是对洞穴壁画内容的印证，就像拉斯科洞穴中的壁画一样告诉我们：在数万年前的冰河末期，业已灭绝的动物与人类同时存在。

这种初级的纪年手段很快吸收了更多的新知识，从而为作为一门新科学的考古学提供了发展空间：它得到了查尔斯·达尔文（Charles Darwin）的自然选择进化论的助力。当《物种起源》（*On the Origin of Species*）于 1859 年出版时，它为我们揭示了某种理解新生命的机制，使我们得知生命是如何在各种偶然因素和环境条件的影响下形成的。长颈鹿并非自己主动想要延长脖子，而是由于繁衍多代的环境条件对那些出生时颈部较长的个体更有利。人类同样既非诞生自某位大能的设计，也非魔法般地从陶土中塑成：和长颈鹿一样，我们也有自己的进化史。

在达尔文生活的时代，有关我们人类进化的细节尚不为人知。渐渐地，人们意识到现今的人类对地球而言无疑是一批后起之秀。我们从未与恐龙一同行走过，除非我们遥远的哺乳动物祖先的匆忙碎步能被称为"走"。我们与黑猩猩的共同祖先在大约 700 万年前才在生物学上与我们显出分别；第一批石器工具在 200 万至 300 万年前被制成；大约 25 万年前，人类的体型才演变到与如今相近的程度。有证据表明，我们的认知能力仅从 5 万年前开始方与现在相当——彼时人类才有遐思自己往日生活的余裕。

在 20 世纪初，大学开始授予人类学学位[3]。早期的考古学家们以揭开延续数千年的有关人类生活与文化知识的奥秘为己任，并致力于重建生活在遥远过去的人们的"文化史"。这些文化是什么时候诞生的？它们位于何处？它们业已绝迹，抑或慢慢转变成了另一种文化？通过对遗留下来的实物证据（文物、艺术品、建筑、人类遗骸）进行仔细研究，我们发现当代世界尚有一些文化有待发掘，它们就像我们熟知的当代文化，这一观点如今已成为最前沿的科学。早期的学者们前赴后继地工作，使得各地的文化年表都得以溯回更古老的年代。

差不多与此同时，时间旅行故事的风靡也并非巧合。由于整个西方社会都深深着迷于过去的新发现，对过去历史的畅想便不断涌现，甚至催生出了科幻推理小说这一新市场。但在考古学家越发深入更久远过去的同时，时间旅行小说的作者们却更倾向于让角色们穿越回相对更近的时代，亦即能通过历史文本概观一二的时代。也许对创作者们来说，幻想一个可以阅读自己故事的时代更为容易；而一些创作者会采取另外的策略——将时间旅行者们送至未来，从而规避历史事实对写作的限制。

虽然时间旅行小说和考古学都足以体现某种对另一时代的关注，但前者还承担了另外一些功能——娱乐大众和进行社会评论。[4]时间旅行者们所前往的时代往往会成为映照现代的一面镜子。例如，马克·吐温（Mark Twain）在 1889 年的《亚瑟王宫廷的康涅狄格美国佬》（*A Connecticut Yankee in King Arthur's Court*）一书中，将虚构角色汉克·摩根（Hank Morgan）送回了中世纪的英格兰。此书问世时，美国南方在南北战争前作为"一片充盈着亚瑟王式崇高与浪漫的热土"的传说正流行全国，故马克·吐温随即对此予以讥讽。汉克·摩根因其用现代科技知识屡创奇迹而在亚瑟王的宫廷中备受敬重，但他并未因此赢得的权力与地位而自满，反而为被压迫的底层民众争取公平。在马克·吐温的主张中，美国人当如是。

作为两部在同一时期诞生的小说，爱德华·贝拉米（Edward Bellamy）于 1887 年创作的《回顾》（*Looking Backwards*）与 H. G. 威尔斯（H. G. Wells）于 1895 年创作的《时间机器》（*The Time Machine*）都通过将时间旅行者送往未来而映射当下。[5]在英国广播公司（BBC）多年来深受欢迎的电视剧集《神秘博士》（*Doctor Who*）中，向过去和未来穿越仍然是剧情内容中的惯例：该剧的主角是一位来自外星的时间领主，其座驾"Tardis"可以在时光中任意穿梭。在剧中，"Tardis"经常载着主角前往一些熟悉的历史时代或遥远的未来。[6]我虽是该剧的忠实粉丝，但也着实担忧时间旅行故事中的前述倾向会在无意间削弱我们对书写诞生之前时代的历史好奇心——那些自考古学诞生之初，考古学家们就一直努力向公众宣传的对事物的好奇心。

•　　•　　•

早期的专业考古学家们手头并无太多应手的工具——虽然这让考古学成为一份不值得羡慕的差事，但却使得他们的成就更加令人印象深刻。以

V. 戈登·柴尔德（V. Gordon Childe）为例，在 20 世纪 20 年代，这位年轻的、戴着眼镜的、接受过牛津教育的澳大利亚人开始着手研究石器时代的欧洲。柴尔德深入阅读了发掘报告，亲自检视了博物馆收藏的古物，还开展了自己的调查。他对从旧石器时代向新石器时代的过渡尤其感兴趣。[7]

柴尔德对新石器时代非常着迷，因为它标志着农业的起步、村庄的建立，并最终促成了新社会的诞生。[8]他以详尽的时空图表描述了这些变化，展示了各个地区人造物从一种风格向另一种风格的转变。人口迁移在地图上用箭头表示，从今日的土耳其指向东欧，然后是西欧。最终，证据表明，"文明的起源"——当时人们对这一根本性文化变革的认识——来自中东移民的推动。柴尔德在 1926 年将其研究成果出版成册，书名为《雅利安人：印欧起源研究》（*The Aryans: A Study of Indo-European Origins*）。同年，阿道夫·希特勒（Adolf Hitler）写出了《我的奋斗》（*Mein Kampf*），并将"雅利安"一词与种族纯洁永远绑在了一起。然而，柴尔德并非纳粹分子，他使用这个术语是基于历史语言学的考量，而非民族主义，更非对种族纯洁的倡导。他所研究的文化史旨在阐明，欧洲许多出现于书写之前的文化基调都源自亚洲。

柴尔德认为，一个他称为新石器革命的过程，包括植物和动物的驯化，在世界范围内引发了一系列连锁反应。在另一本广为人知但标题不太准确的著作《人类创造了自身》（*Man Makes Himself*）中，他提出除进化外，人类的自由意志也将引导我们塑造自己的命运。虽然这本书的标题可能未将广大妇女儿童考虑在内，但其思想总体上值得肯定。鉴于柴尔德及其同行的贡献，到了 20 世纪 30 年代，学者们写史前史的方式就像历史学家长期以来写近代历史那样。[9]

人类的漫长历史通过种种途径塑造了我们的今天。在考古学向公众努力展示我们如何理解这些途径的同时，令我感到意外的是，第一部融合了考古学与时间旅行的小说——L. 斯普拉格·德·坎普（L. Sprague de Camp）于

1939 年创作的《唯恐黑暗降临》(*Lest Darkness Fall*)——却不幸再次陷入了"考古学家都是自私自利的冒险者"这一刻板印象的窠臼。小说的主人公，虚构的美国考古学家马丁·帕德维(Martin Padway)，意外穿越回了公元 6 世纪的罗马，随后便尝试运用其历史知识尽力避免黑暗时代的来临。主角（无论如何，这位考古学家的古代史造诣都远胜他的考古知识）在某种程度上像是受到了马克·吐温《亚瑟王宫廷的康涅狄格美国佬》一书开明思想的影响，但他却将罗马引向了一条抢在欧洲诸国之前殖民新大陆的道路。纵览全书，帕德维的人生追求仍是满足一己之权欲，以及重振罗马帝国的荣耀。

二战后，冷战带来的技术进步对考古学领域产生了完全意想不到的影响。其中最重要的一项是威拉德·利比(Willard Libby)的发现，即所有生物体内都含有一种天然存在的碳同位素，通过测量这种同位素的含量，我们便可以推算出某生物死亡的时间。利比是一位化学家，曾参与研制美国第一颗原子弹的工作，他证明：与大多数碳不同，碳 14 更不稳定，并以极慢的速度衰变。动物骨骼或树木中的木质在死亡当天含有 100% 的"放射性碳"（即碳 14），但在 5730 年后，它只会剩下一半；再过 5730 年，剩下的碳又会消失一半，只留下原始数量的 25%。利用这一自然过程的基本原理，如果你手头有动物骨骼或烧毁的木材，就可以根据剩余的放射性碳量来推断其死亡时间。当然，碳同位素最终会完全衰变消失，但这需要约 5 万年之久——放射性碳定年法可触及的最远年限。

放射性碳定年法解开了考古学家身上长久以来的束缚。在它出现之前，确定一个矿床或遗址的年代在很大程度上要靠运气。如果碰巧发现一件与当地考古文化序列中风格相符的陶器，你或许就能推测出它的相对年代；但倘若找不到同等关键的证据，你就会束手无策。放射性碳定年法是一件非常实用的工具，利用它，我们几乎可以使用我们能够找到的一切生物材料来创建某地的年表。

到了 20 世纪 60 年代，放射性碳定年法在全球范围内得到应用，而考古学家们在编写文化史之外，也开始提出一些全新的问题。推动新一代考古学家开展工作的动力，实质上是对一个世纪前达尔文理论所创造的知识空间的某种回归。我们在自然界中的地位如何？那些唯有人类能做到的事是如何帮助我们生存和发展的？考古学与自然科学、地球科学之间越发紧密的联系还带来了更多更具挑战性的问题：人类应该为冰河时期的动物灭绝负责吗？也正是从那时起，航空摄影开始在大规模实地考察中普及，意在探究人类如何对迥异的生态系统加以利用。

另一种在 20 世纪 60 年代回归的思潮是我们的祖先足以掌握自己的命运。考古学将目光投向了经济、政治以及不同类型社会形成的原因。借鉴地理学的研究方法，考古学家们开始研究人造物的分布如何揭示人们制造和分配各种商品的过程。为了做到这一点，了解人们从自然界中获取原材料的地点变得越来越重要——例如打造石器工具或精细物品——因为这些可以被视为揭示更大的经济体系运作及变化方式的线索。在这一时期，大型纪念碑在考古学家眼中已不单是遗迹：它们代表了统治者在建设方面所能积聚的人力，是一种理想情况下可以应用于许多不同地方衡量社会等级制度的代理度量。现代考古学建立在柴尔德与其同侪工作的基础上，但旧的方法已经不再适用。考古学家们不再孤立地拼凑过去的证据，而是积极与其他科学产生联系，同时紧密跟进各种最新技术进展，以期它们有助于揭开过去的秘密。

· ● ·

马克·吐温这样的讽刺作家时常带着某种特定的目的去描摹过往，而考古学家则应保持中立，小心不要让主观的观点影响自己的判断。保持这种中立有时并不容易：以根深蒂固的"男性猎人"的刻板形象为例，不妨回忆一下你见过多少次艺术家重建古代男性英雄挥舞长矛的场景。这一形象的问题不在于男人是否狩猎，而在于其他活动同样定义了男人的生活，而且女人和孩子的生活也不应被忽视。

如今，电视上的时间旅行故事是我们拓宽"讲述过去的故事"的绝佳案例。随着越来越多样化的时间旅行者出现在屏幕上，我们可以看到一种围绕着两类对立冲动的全新叙事深度：保护过去，或者纠正过去。[10]例如，在美剧《时空守卫》（Timeless）中，马尔科姆·巴雷特（Malcolm Barrett）饰演的鲁弗斯·卡林（Rufus Carlin）将一个事实抛到了观众面前——无论在哪个时代，美国的过去对于像他这样的非裔美国人来说都十分危险。通过赋予像卡林这样的角色时间旅行的特权，编剧将不得不处理一种时间旅行者的固有矛盾：为什么每一位时间旅行者都需要努力保护过去，而这样一个过去并未给外貌与他们相似的人以公平正义？[11]

这些新的叙事涉及讲述非虚构故事的重要方面。时间旅行者的身份很重要，出于同样的原因，我们需要从不同的视角书写新的考古学。在美国，我这一代考古学家是第一批在性别平衡环境中开始职业生涯的人，男女从业者比例接近1:1。但该学科的另一些方面，如在同行评议的科学期刊上发表文章，仍存在严重的不平衡。这不仅适用于女性，也适用于其他许多因为身份原因而被拒之门外的人。其中一个结果是，考古学叙事中缺少了许多本该出现的声音。

正如有许多故事等待着讲述一样，考古学的内容也可能比你想象中要多得多。1972年，联合国开始将一些地方确定为世界遗产地，希望能够给予这些地方国际认可，并为其提供一定程度的保护，以补充各个国家的法律和规定。[12]目前世界上有878个世界遗产地，其中几百个颇为有名的地点甚至拥有自己的维基百科页面。但这些数字对于考古遗址的普遍性来说未免有些误导：事实上，考古学家已经发现了数以百万计的遗址，而这些仍然只是我们目前已知的一部分。因此,尽管价值珍贵,但这些遗址并不罕见;反之,在很多方面,我们在处理过多的遗址时面临着资源不足的窘境,以至于无法对其进行充分的调查和保护。

　　一些考古学家认为,如果仔细想想,我们其实已经在进行时间旅行了。瑞士林奈大学的博迪尔·彼得松(Bodil Petersson)和科尔内留斯·霍尔托夫(Cornelius Holtorf)提出了这一观点,他们认为时间旅行最好被理解为某种"经验与社会实践",每当历史重演者再现一段过往时代的历史时,这一实践就会产生。宁波诺丁汉大学文化与计算机学教授庄以仁(Eugene Ch'ng)给出了类似的推论,即在"被设计为模拟过去的虚拟现实"中获取的沉浸式体验实为某种"虚拟时间旅行"。心理学家们则指出,我们回顾过去时将会进行"时觉"(chronesthesia)体验,使得我们能够思考主观上的时间,并在脑海中展开时间旅行。[13]即便你觉得这些概念太过抽象,上述有关时间旅行的观点也有一共同核心可供把握:所有的考古学都需要以现在的视角来想象过去,尽管程度不同。

　　考古学家必须在创造过去详细图景的冲动(如虚拟时间旅行体验所需的那般)与身为科学家的本职工作(即关注因果关系和推动历史变迁的基本力量)之间找到平衡。在过去的 50 年里,由于放射性碳定年法这一技术的进步,我们已经能够基于可靠的经验证据撰写第一部详细的人类全球史。在接下来的 50 年里,我们将通过地理空间技术撰写它的第二稿;但在此之前,对于"寻找事物"和"发掘真相"之间的区别,仍有许多可供探讨。

— 第二章 —
发掘真相

如果我们今天发明了时间机器，它会使考古学变得多余吗？冰岛大学的考古学教授加文·卢卡斯（Gavin Lucas）提出了这个问题。他的答案是：不会。如果我们能够走出时间机器，找到一段完整无缺的过去，在那里我们可以与曾经的人们实时交谈，那么我们就踏入了人种志[1]领域，而不是考古学领域。卢卡斯指出，像所有人种志学家一样，参与时间旅行的人也会不可避免地带有他们的偏见。詹姆斯·格里克（James Gleick）在《时间旅行：一段历史》（*Time Travel: A History*）一书中注意到了同样的现象：时间旅行者总是故事写作时代的产物。艾萨克·阿西莫夫（Isaac Asimov）和许多其他科幻黄金时代（20 世纪 50 年代和 60 年代）的作家都创作过时间旅行小说，无论小说的主角们穿越到哪里，都总还是那个时代的产物。

虽然人类长期具备想象过去的能力，但我们的想象有其极限，而且思考时间本身也很容易让人感到困惑。这就是为什么我们提出了这么多不同的关于时间的隐喻。虽然它们都不完美，但其中一个隐喻却历久弥新，即"时间箭头"。想象一名弓箭手正向天空射出一支箭矢：箭可以飞向无数位置中的任何一处，而确定其落点则只有一种手段。我们紧盯着箭矢离弦，飞行，随后落地。我们无法看到它倒飞回去，或强令它半空滞留，或将发射流程打乱。我们只能遵循确定的路径穿越时间，时间也未给我们第二种选择。我们每个人都将经历时间之箭的前行。

时间箭头的隐喻很有用，但它并未捕捉到时间的所有特殊属性。时间还有一项重要特性，以我们的亲身体验而言，是在缺乏外部干预的前提下，历经时间的事物不会重新自发地变得有序。想象一下，有两个相邻的盒子，一个盒子里装满氧气，另一个盒子里装满氮气。如果在两者中间打开一条通道，让气体在盒子间自由流动，那么氧气和氮气的分子将随机碰撞，并在经过足够长的时间后均匀混合。它们不会重回先前相互分离的状态。描述两种气体在封闭系统中随时间相互混合之过程的物理量被称为熵。[2]

熵是考古学的敌人。尽管谁都希望能与自己的研究对象交谈，但考古学家并非真正进行时空旅行的人种志学者。我们的研究数据和方法都聚焦于遗留的、丢失的、破碎的、建造的、改造的和深埋的事物。因此，我们用来发掘真相的所有技巧都必须围绕那些古老的东西展开。古物的混同和退化无疑不可避免，从而使我们本就颇难的工作雪上加霜。

考古学家用以对抗熵的基本手段是记录发现物的位置——简言之，发现物的历史语境（context）。context 一词更通常的用法是"语境"，即"某事件发生时赋予其意义的环境"。正如词语的含义只有在特定语境下才能被充分把握，考古物证也只有被置于恰当的历史语境时方可正确解读。这也是我们的发掘工作谨慎而缓慢的原因之一。

美国杰出的考古学家刘易斯·宾福德（Lewis Binford），曾做过一则一度被认为错误的假设——文物将永远被封存于它们最初被丢弃的位置，正如维苏威火山喷发为庞贝城带来的不幸一样。实际上，宾福德的见解并非如指责者所称的那般天真；他承认考古学必受时间箭矢的"蹂躏"，但也坚称只有在重建过去时光的某个片刻时，这种"蹂躏"才是需要解决的困难。在宾福德的观点中，考古学贵在全览更大的图景，而非拘泥于任何单一的时间或地点。人类历史的变化更迭，就像考古遗址一样，是长时间积累的结果。这引出了一个根本性的问题：考古学的目标究竟是重建古人生活的片刻——鉴于大多数遗址并未被火山灰完整封存，这件事并不容易——还是专注于寻找超越人们生活经验的、更宏大的模式？这对于我们思考如何为时间旅行者制作地图至关重要，因为它将左右我们对位置数据的理解。[3]

当我们在考古学中谈论"地点"时，我们基本指的是"遗址"。但是，我们细想便会意识到，熵甚至侵蚀了"遗址"的概念。事实上，很长一段时间以来，考古学家们一直在考虑放弃"遗址"的概念后会怎么样——这个想法并没有如它听上去的那样疯狂。

作为科研术语，"遗址"的含义模糊到了毫无意义的地步。古人不会为后人考古而有意创造"遗址"，他们只是过着自己的生活，制造物品，丢弃或遗失它们；有时建起什么，有时又将它们掩埋。诚然，这些活动的实物迹象往往是在互不相干的地点发现的，但这可能与当前的具体状况，以及丢弃或遗失物品后发生的事有关，就像很久以前在那里发生的活动一样。

不同的考古学家对划定遗址的边界有着不同的见解并非罕事，而将某次实地调查的流程照搬至另一次调查中则极为困难，几乎不可能。其原因是，地面上可见的事物会随时间发生变化。我们称之为遗址的、散落着文物的建筑遗迹可能在我们初访的那天清晰可见，但在下次访问时可能已被植被覆盖。自然侵蚀既可以掩盖遗址，隐藏曾经暴露在外的东西，又可以冲走文物、沉积物，最终连整个建筑基址都会被冲走。[4]

寻找遗址的替代手段之一是无遗址考古调查——将所有东西都绘制出来，而不期望将某个点或区域标记为独立的遗址。奇怪的是，捍卫看似站不住脚的遗址概念的声音之一却来自宾福德。他捍卫这一概念的逻辑归根结底是实用主义。宾福德认为，如果我们可以在世界上找到业已存在的、离散的、有考古学价值的位置，那么"遗址"就是切实存在的。他并不否认遗址是个仍然存在诸多问题的范畴，但同时也指出它对考古学来说是一个有用的抽象概念，使我们能够继续开展我们需要做的工作。[5]

因此，我们继续使用"遗址"这个术语，同时也意识到熵使得"遗址"的概念几乎毫无意义，就像牛顿和爱因斯坦曾在不同的方面为我们提供了思考时间的方法一样，二者都很有用。在牛顿的时间观中，时间如常数般死板；秒、时、日、年，分毫不差地流逝着。得益于爱因斯坦的贡献，我们认识到时间的相对性，这也正是如今一颗 GPS 卫星所经历的一天比我们的一天稍短的原因。无疑，爱因斯坦的时间观是对时间更为准确的描述。然而，我们在日常生活中依然采用牛顿式的时间，因为它更符合我们的时间直觉。

我在整本书中仍会偶尔使用"遗址"一词，因为它确实很有用；但是当这个词出现时，你可以把它当作你可能用街道地址来指代地点的方式。街道地址是一种在不描述建筑物或其他事物的情况下给出某个地点位置的有用方式。或者换句话说，"遗址"不是考古学，而是考古学所在的地方。

· · ·

考古学家戴维·赫斯特·托马斯（David Hurst Thomas）曾说过，考古学不是"寻找东西的学问"，而是"发掘真相的学问"。此言不虚。我们对知识的承诺将考古学与寻宝活动区分开来。实际上，对于考古学家来说，找到某件实物和发掘真相之间只有一种松散的联系。

有两件事是所有考古学家的共识，但却鲜少被谈及，因为我们发现它们在被表述时过于违背直觉。第一件事是，有可能在找到文物和遗址后，却没有真正发现任何关于过去的新信息。这里以法老图坦卡蒙 ① 为例。1922 年，

---

① 图坦卡蒙是古埃及新王国时期第十八王朝的第十二位法老，在位时间是公元前 14 世纪。

《纽约时报》在头条写下了"图坦卡蒙陵墓的壮丽：霍华德·卡特（Howard Carter）在上埃及的发现使第十八王朝的荣光重见天日"。关于这次发现的故事在《美国国家地理》杂志等地方已被重复了无数次。[6]

　　沉醉于法老随葬黄金面具的华丽，这件事本身无可非议。但值得反思的是：我们从完整发掘图坦卡蒙陵墓中了解了关于古埃及的什么知识？诚然，我们可以合理宣称，法老陵墓的细节本身就是一种知识，但归根结底，这个发现并没有告诉我们任何我们之前不知道的东西。它没有帮助我们证实或否定关于过去发生的假设。它没有带给我们太多此前未知的东西。卡特在寻找法老图坦卡蒙陵墓时经历了一次冒险——寻获财富和荣耀——但对考古学的发展却并没有太大的帮助。

　　第二件颇为违背直觉的事是，即使没有找到新的文物或遗址，也有可能增进对过去的了解。20 世纪 20 年代初，书卷气的 V. 戈登·柴尔德花了很多时间流连于欧洲各大博物馆的馆藏间。他知道，若要追溯现代印欧语言使用者的根源，就需要在更广阔的范围内汇集线索。无论他找到的东西多有趣，答案永远不会只在一个遗址或一件文物中找到。这场调研的结果是一张详尽的时空图表，这张图表横空出世后，史前史便开始具备与其他时代历史相当的组织水平了。

　　有很多人对此作出解释，原因之一是，考古学的研究对象并不像一般人想象的那样难得。我现居得克萨斯州，在那里我们可以时刻关注活跃的油井数量。现在大约有 186000 口油井。然而，你可能会惊讶地发现，在得克萨斯州，考古遗址的数量可能比油井还多。[7]这听上去很疯狂，但考虑到人们在这里已居住了大约 2 万年，也不无道理。为了让你了解考古学的已知规模究竟有多大，举例如下：当休斯敦于 2016 年被飓风"哈维"袭击时，共有约 1000 处已知的考古遗址被洪水淹没，而这只是飓风来袭时考古学家已知的附近 3000 多处遗址的一部分。因此，完善现有的考古学知识并将大量物证转化为过往的真相，可能是比寻找完整遗址更紧迫的问题。

在考古学家对新的地理空间技术所能做的事情感到兴奋的时候，很容易忽略这样一个事实，即记录事物的位置只是第一步。要将其转化为知识，还有大量的后续工作要做。若要解读考古学家们用地点来构建知识的不同方式，可以从与地点位置密切相关的三个方面入手：数据、信息和证据。

· ● ·

位置数据可以视作这个简单问题的答案：它（位置）在哪里？地理空间技术和现代测量技术为我们提供了各种记录某物位置的选择。我们可以带着 GPS 在建筑物地基周围走动，我们的行动轨迹会立刻出现在电子地图上。我们可以使用一种叫作全站仪的仪器快速记录数千个独立物品的位置，这是建筑工地上的一种标准设备。[8]我们还可以使用安装在三脚架上的激光扫描仪，或者启动一架无人机绕着建筑物拍照。但是，如果你曾经为遥控器上的按钮太多而苦恼，你就会知道，尽管按下一个按钮很轻松，但是选择太多反而是个麻烦。为了解释这个问题的缘起，让我们从 GPS 开始。

我使用 GPS 进行测量已有 20 多年了，其间从事过一系列不同的工作。如今我投身的学术考古，正是产出了本书提及的大部分成果的领域。虽然学者们大多供职于大学，但走入研究所或博物馆的人也不在少数。在学术项目中，实地考察常被用于解决"蓝天研究"（blue-sky research，即基础研究或纯理论研究）所面临的困难，同时达成某些教育或文化遗产保护的目标。除此之外，考古学的另外两项主要工作则属于"文化资源管理"这一更大的领域。有些私营公司按具体项目展开调查，这项产业一般被称作合同考古或抢救性考古，通常与土地开发有关。还有一些考古学家受雇于政府部门，把大量时间花在监管私营部门或保护和解释公共土地上的考古工作上。合同考古或政府考古的实地考察往往根据手头的任务细节进行界定。尽管如此，所有的实地考察都要遵循相同的专业标准，因此我认为，即使实地考察中对 GPS 的应用手段存在差异，那也是地区性的差异，与具体工作类型无关。

20 世纪 90 年代，几乎没有人拥有移动电话，而现在的手机这类微型计算机还只是科幻小说中的东西，我正是在此时首次接触到 GPS。那时我在新墨西哥大学读本科，从未想过自己将来会走上一条太平洋岛屿实地研究之路。我的一位刚毕业不久的朋友在美国林务局找到了一份工作，负责评估某地被一场突发山火烧毁的考古站点的破坏情况。我自愿前去帮忙。一天，我们俩挤进我的卡车，沿着新墨西哥赫梅斯山脉中一条人迹罕至的小道行驶。如果我们在山火爆发前来到这里，可能会熟视无睹地从考古遗迹边经过，但正因绝大部分的植被都被烧毁了，依山而建、保存完好的古代房屋便赤裸裸地暴露在外。为了近距离观察这些房屋并做好记录，那天我们多次离开山间小道。我们就自己究竟身处何方争论到夕阳西下，最后还是 GPS 不偏不倚地解决了争论，指引我们顺利回到了卡车。即便这件事已经过去了 20 年，我仍然为当初在兴奋之余迷了路而深感自尊受伤。

在 GPS 发展早期，卫星导航仍然是一项严格保密的军事技术。我在新墨西哥的群山中辗转时携带的那台美国政府配发的 GPS 非常笨重，上面甚至还有一个所谓的"清除按钮"，可以让你在它落入敌人手中之前快速删除所有先前记录的位置信息。彼时有两套不同的导航卫星系统：美国拥有 GPS 卫星系统；苏联也拥有自己的导航卫星系统，称为全球导航卫星系统（GLONASS）。两国的导航卫星系统都基于同样的原理工作：地面设备接收来自轨道卫星的无线电信号，从而对地球上某点的坐标进行三角测量。有一段时间，美国甚至故意增加了定位误差，以减少未经授权的接收器上 GPS 读数的可靠性。

冷战末期发射升空的导航卫星现在已经与其他几个卫星系统整成一个

全球导航卫星系统（GNSS）。GNSS 现在是卫星导航领域的标准行业术语，但我们可能会继续在英语中随意使用 GPS 一词。智能手机现在配备了微型的 GPS 接收芯片，可在条件允许的情况下利用地面蜂窝塔进一步改善读数。

GPS 的问世本身并没有让事情变得更复杂。事实上，在一切都束手束脚的早期阶段，GPS 接收器只会给使用者一个坐标，之后使用者就需要自己摊开地图，并（毫无技术含量地）将自己的位置在地图上用笔标出，好找出自己在哪里。这便是我在赫梅斯山脉中和朋友忙活到太阳落山的事。如果你从未体验过这份差事，其实它并不像听上去那么难。

如果将一张地图铺在你面前，你会发现经纬度要么画成相互交叉的线条，要么标在边上。纬度是某条纬线相对于赤道的位置，以度数表示。例如，如果你能够从地球中心画一条直线到赤道（赤道为纬度 0°），然后再从地球中心画一条直线到旧金山，这两条直线所形成的角度大约是 38°。如果对新西兰的奥克兰市进行同样的测量，你会得到 37°，因此所有的纬度测量都必须指明是北纬还是南纬（在这个例子中分别是 38° N 和 37° S）。经度是相对于英国格林尼治的任意经线的位置。如果你再次从地球中心画两条直线，但这次一条直线通过格林尼治，另一条直线通过华盛顿特区，得到的角度是 77°。对于位于格林尼治对面的印度海得拉巴，角度是 78°，因此经度同样必须指明西经或东经（在这个例子中分别是 77° W 和 78° E）。

纬度和经度的度数必须被划分为更小的单位才能确定更精确的位置。在地球表面，1 度并不算短——大约是 111 千米，或是从纽约布朗克斯到康涅狄格州纽黑文的距离。传统上，我们将度数划分为 60 等份，每一份称为分（′），然后将每一份再划分为 60 等份，每一份称为秒（″）。地面上的 1 秒大约有 25 米或 30 米，用于旧时代手工绘制的纸质地图定位完全足够。

我在达拉斯南卫理公会大学的办公室位于北纬 32° 50′ 48″、西经 96° 47′ 6″ 附近。为了使计算机更易于处理，我们现在经常使用十进制度数，用负数表示南方和西方。在这一系统中，我的办公室大约位于 32.846666、−96.785000 附近。1 度的百万分之一大约等于地面上的 11 厘米，可用于更加精确的定位。[9]

GIS 软件的应用使我们不再只是在纸质地图上标记坐标，它实现了技术进阶。[10]在我初次接触 GIS 时，它是一项专业程度与技术含量都很高的技术。如今这项技术已经走入寻常百姓家，相关的应用也层出不穷，甚至小学生也在学。数字地图技术的应用是如此普遍，以至于很容易让人忽视 GIS 的特殊性。

如果仅用寥寥几个字来描述 GIS，我们可以称其为"智能地图"。与其他应用相比，GIS 的核心区别在于它至少能够在真实世界的坐标系（如经纬度）中显示地理信息，引入新的地理信息图层，存储地理数据的各项关联属性，以及按地点对数据进行查询和分析。让我们从世界上最常用的 GIS——谷歌地图入手来解释这些技术指标。

谷歌地图是一个基于网络的地理信息系统，而不只是你电脑上的独立软件。但由于我们经常在浏览器中与它进行交互，所以它的很多工作方式并不明显。[11]例如，地图上的所有内容都以真实世界的坐标显示。作为一种测试，右键点击一个位置并选择"这里是什么？"，程序将显示此处的地址和经纬度的十进制度数。如果你使用过"我的地点"来存储位置，那么你就知道谷歌地图还可以添加新的信息图层（这项功能正在逐步向"我的地图"迁移）。

在后台，代表企业的点位组成了一张庞大的电子图表，被储存在谷歌的服务器上或是云端。每条记录都有一些属性，当你点击时，它们会自动显示出来：地址、网址、电话号码、营业时间等。谷歌地图专为空间查询而设计——也就是你在向地图询问"我附近的企业"时所做的事情。GIS 只在你设定的搜索半径内进行搜索，从而使地理信息成为计算的一部分。除此之外，它也可用于空间分析，特别是当你需要找出一条连接你与其他地点的路径时。谷歌地图的算法甚至会将当前的路况纳入考量，并根据步行、驾车或是乘坐公共交通工具来规划路线并预估时间。

如果考古学家只是想用 GIS 制作一张足够吸引人的地图来展示自己的发现，那么对记录手段的选择将会相当简单，几乎不值一提。但是，作为一门学科，在 GIS 出现之前，地理位置在考古学中已有相当重大的意义，因此对位置所承载的信息更需仔细商榷。

考古学始于一个问题：它在哪里？在此之外，我们还必须回答另一个问题：它是如何到那里的？对我而言，当将视野投向某物所在地之外时，我们就进入了位置信息的领域。除了某物的发现地，位置信息还需要根据其他因素进行解释或推断。这就是考古学中"历史语境"（context）的含义，至少包括对沉积物或定居点年代的估计，那里可能发生过的活动，以及自然界和人类行为对我们所发现的东西产生的不同影响方式。为此，我们的工作常常依赖经验总结，若有独立证据支撑，这项工作就能更好地展开。然而，位置信息的地位仍比较尴尬：因为"历史语境"所涉及的因素中有相当一部分可能是未知、模糊的，或是在有新数据之后就需修正的，或是只有在造出时间机器后才能知晓的。

即使我们宣称通过位置数据和信息暂时缓解了熵带来的混乱，但阴影中却依然潜伏着另一项危险：等终性（equifinality）。

•　●　•

在小说中，穿越时间的方式多种多样。旅行者可以瞬间跳到另一个时间点，以比光速更快的速度旅行，或是穿越不同的维度。令人惊讶的是，H. G. 威尔斯在《时间机器》中介绍的手段是最不受欢迎的方式之一：停留在一个固定的地点，再移至同一地点的其他时间段。[12] 考古学家所发现的东西与之类似：古物穿越了千年的时光后仍在原地，而它们周围事物的时间则向前流动。当然，古物并不因此保持静止。它们被时间之矢摧残——被自然界移动，被人类移动——许多事物的旅程因腐朽而提前终结。H. G. 威尔斯通过一些文学手法解释了他笔下的时间机器如何在向未来移动的同时免于变成一堆生锈的废铁——或挤占其他物件在未来占据的空间。在从现在到未来的旅途中，时间机器自身发生的变化与其故事并不相关。然而，考古记录呢？对于那些事物自身切实经历的变化，我们又需要了解多少呢？

前文已经提及了一件强大的工具，用于解读古物的生平：放射性碳定年法。放射性碳定年法就像大自然的验尸官，它可以为过去 5 万年内消亡的事物给出大致的"死亡时间"。除此之外，对于一件特定的文物，还有许多巧妙手段，可以通过诸如自然衰朽的可标定过程来确定其时间旅行的长度。

为了展示一个关于文物或文物发现地的故事，我们有很多"法医"手段去将其实现。但是，如果一个结果能被许多不同的故事解释，那该怎么办呢？这就是所谓的"等终性"。下面是关于"等终性"的一个例子。

2003 年，在对一处古老码头的发掘中，出土了一枚公元前 7 年铸造的罗马铜币。出土一枚铜币不算什么新闻，但它的发现地是新西兰，距罗马18000 多千米。

第一批在新西兰（也被称为奥特亚罗瓦）诸岛上定居的人于约公元 1250年登陆，即这枚硬币铸造后的 1000 多年。这枚硬币是怎么到那里的呢？是一艘罗马船在遥远的南太平洋上失事了吗？还是说这枚硬币来自过去 200年的欧洲，随后掉进或被丢进了水里？两种解释都导向同一个结果——这枚铜币于 2003 年在新西兰被发现——但后者显然更有可能。

如果你想看的是一条迄今无人知晓的罗马沉船的故事，那是非常自然的。我们很多人，包括我本人，都更希望读到一段扣人心弦的故事，来满足我们的历史好奇心。在这个意义上，罗马版鲁滨孙漂流记远比"铜币遗落记"的故事更吸引人。因此,"等终性"在行文时令人颇感棘手。它要求学者在审视事实和可能性时保持一定程度的客观。后面那种解释——这枚罗马硬币于过去 200 年间被丢弃或遗失——有一些合理的理由支撑。有记录表明,在那个时期,有成千上万的欧洲人前往新西兰,并带来了他们家乡的东西。此外,将硬币扔进水中以求好运或作敬奉的传统在欧洲由来已久,有很多文献记载。再者,硬币体积很小,经常会因为意外而丢失。[13]

有一种科学有效的方法,同时考量多个假设,简称"多重工作假设"。这种方法的理念是,如果你无法拒斥等终性,那么最好接受它。但是,当各种不同解释间的差别比上述例子所举的两种更小时,又该如何做出选择呢?这里体现了独立证据链的重要性。出土的硬币不是新西兰唯一的考古发现,也不是世界上发现的唯一一枚罗马硬币。通过比较以前独立发现的与这枚硬币无关的文物,我们便有充分的信心选择其中一种解释,而非另一种解释。

位置数据和信息本身并不能说明问题。所以,有时我们可以找到古物,但不一定能解开事情的真相;有时我们可以从现有的数据和信息中寻得新发现,而不必确定未知考古发现的位置。为了从位置数据和信息中得到答案,我们必须回答这个问题:某物在某处被发现意味着什么?即使答案不甚明确,也需要一套关于古代世界运作方式的理论。当我们在本节讨论的对象被用于支持或反对关于过去发生的事的主张时,它就从位置数据和信息变成了位置证据。

• ● •

让我们回顾一下。考古学非常需要知道事物的确切发现位置。由于我们必须对出土的物件、沉积物和建筑进行一系列的推断,因此有价值的位置数据非常重要。我们假设这些东西曾被丢弃、丢失或遗弃——在很大程度上由于熵的作用而随机散落在各处。人和自然双重因素共同促成了这一混杂过程，而这一过程将对某些对考古工作有帮助的文物空间分布模式造成破坏。（有时它甚至还可能产生新的分布模式，从而误导我们对过去的推断。）我们还必须面对另一个事实：完全不同的活动可能会产生几乎相同的空间分布模式。

要将位置数据和信息转化为更多有助于了解过去的证据，就需要合适的认识论支撑。认识论代表了一种特定的思维方式，一种定义了变量和变量之间关系的逻辑框架，进而指导人们提出合理论点或辨明推论的真伪。

在处理与考古学相关的位置数据时，存在两种截然不同的思维方式——一种以科学为基础，另一种以人文为基础。二者都以通过分析事物之间的空间关系来加深对过去的理解为核心，并且都有自己的思想史。包括我在内，许多考古学家都能根据研究目标选择其中的一种方法。[14]

让我们从前者开始。为此，我们要回溯到公元 750 年到 1050 年之间，如今墨西哥南部及其邻国危地马拉、伯利兹、洪都拉斯和萨尔瓦多的所在地。我们称其为玛雅文明史上的"终端古典时期"（Terminal Classic era）。需要说明的是，我们所说的"终端"并不是指玛雅种族的终结；现在世界上大约还有 700 万玛雅人。终端古典时期是更长的"古典时期"的一部分，此时社会处于君主统治的时代，君主们相互争夺各自首都周边土地以外地区的控制权。"终端"的"终"即 terminus，即这一时期的结束。彼时的玛雅经历了翻天覆地的变化，以至于如今人们更愿称其为"玛雅崩溃"。[15]

玛雅崩溃是一个备受关注的话题。据一份近期文献综述估计，在过去 10 年中，共有 400 多篇相关学术出版物——大约每 10 天就有 1 篇新文献问世。你可能会得出这样的结论：这是因为我们发现了很多新的古典玛雅文化中心，但事实并非如此。最近的另一项研究表明，获取新发现的频率自 1980 年即已显著下降；甚至在此之前，也已在每 10 年 2 处的频率上徘徊许久。

所有这些研究都在以下两点上达成了共识：一曰造成这一时期社会变革的原因并不单一；二曰"崩溃"是一个误导性的简称，因为在此之后既表现出了连续性，也有年代更晚的文化中心面世。因此，尽管考古学家自20世纪70年代以来一直试图摒弃"崩溃"一词，但我们依然可以沿用它。不过，必须指出的是，这一概念远比字面含义更复杂。

考古学家们摈弃关于玛雅崩溃的错误理论，并对所发生的事情进行更细致的描述的方法之一，是通过对中心即人们居住的城市进行空间分析。值得现代人庆幸的是，玛雅统治者在他们的大型石质遗迹——石柱、门楣和楼梯上都刻有建造日期，因此我们可以将这些日期转换成公历日期。加利福尼亚大学洛杉矶分校的考古学家弗雷德里克·J.博韦（Fredrick J. Bove）利用这些信息绘制了玛雅崩溃地图。他推断，整个地区最新建筑的建造日期会形成一种空间模式，这种模式应该与关于彼时正发生的事情的理论推导相吻合。例如，如果纪念性建筑建造活动的停止首先在西边发生，然后再到东边，那么地图上就应该显示文明从西向东依次崩溃。

所以，玛雅文明的崩溃在地图上会是什么样子呢？事实证明，纪念性建筑的消弭十分模糊不清：有的地方消亡得早，有的地方则更晚，完全不像人们预期的那样如多米诺骨牌一般在外来入侵者的横扫下倒塌。更重要的是，这种直观的比较还得到了统计数据的支持，这些数据显示了设想的场景与地理空间模式的吻合程度。在这种情况下，最吻合的假设是：文化中心之间的内部竞争是玛雅崩溃的罪魁祸首。

但是，如果地图上的点状分布模式只是随机出现的呢？这个"如果"在博韦的成果发表后引起了反复的激烈争论。有一种围绕此种特殊问题建立的空间数学工具，被称为莫兰指数（Moran's Index），简称"莫兰I"。在介绍这一特殊指数的奇特工作方式以及它如何应用于玛雅考古领域前，值得关注的是，它回答了三个问题。首先，结构性是否存在于地理空间数据中？也就是说，这些数值在空间中是相互关联的还是随机分布的？其次，这种结构所代表的空间相关性是正还是负？换言之，空间上相邻的两组数值是较为接近的，还是如国际象棋棋盘上的黑白格一样，相近的邻值更有可能是不同的？最后，我们有多大把握认为这一切并非偶然？在应用了正确的统计方法后，结果表明，玛雅崩溃数据所呈现的点状分布并不随机。

博韦的原始研究显示，外部力量并不能充分解释玛雅崩溃。这一发现缩小了寻找潜在原因所需的地理范围。对同一数据集进行的更多空间统计表明，纪念性建筑修建终止的时间在中心组内往往是相似的。也有一种观点认为，点状分布的成因可能是部分中心所受的侵蚀比其他中心更严重。

我对类似的空间谜题颇有兴趣。其中部分原因是，能够运用一系列地理空间科学工具——测试假设，利用统计数据量化陈述的置信度，随后体验在与熵和等终性的对抗中取胜的满足感。另一部分原因则是，解开这些谜题还彰显了一些关于人类历史的信条——人类史的奥秘是可知的，并不都是偶然的产物，而且我们还可以继续发现关于历史的新事物。就像所有科学一样，我们的求知之旅永远不会结束：我们所认识的一切都不是永恒真理，可以重新审视，因为永远有更多的东西可以学习。

·　●　·

科学向我们提供了一些关于过去的非凡细节。然而，我们人类并不是纯粹的分析者。我们能够与那些已经故去的人产生共情，这也正激发了我们的历史好奇心。我们想了解他们的生活，以及他们是如何看待这个世界的。今天，我们可以通过人文学科，包括历史、文学和艺术，与前人的生活建立联系。但是，对于那些没有文字和绘画留存的遥远过去，我们应该如何与那个时代的人们建立联系呢？

可以看到，在有了良好的位置数据支撑后，人文视角能为我们了解过去提供巨大帮助。在新石器时代的不列颠，公元前 3100 年左右，一伙人在埃文河附近挖出了一条直径相当于整座足球场的巨大沟渠。随着时间的推移，这里的古迹逐渐增多。在沟渠竣工的大约 500 年后，人们从 40 千米外拖来了一块块重达 25 吨的巨石，由此建成了世界上最具标志性的建筑之一：巨石阵。

在考古学中应用"地域感"的概念可以帮助我们了解巨石阵上曾经发生的事。无论是作为个体还是群体，我们都会与各种地点产生情感上的联系。地域感可以是个人而私密的，例如将自己的归属地称为"家"；也可以是公开而共有的，例如意识到某处自然景观或人工建筑具有历史或精神价值。按理说，我们可以在一定程度上凭直觉去猜测某处地点对过去人们的意义所在。

克里斯托弗·蒂利（Christopher Tilley）是伦敦大学学院的一名考古学家。他在漫步英国乡间时，曾花了很长时间思考与巨石阵类似的地点，以及它们之于祖先的意义。我们前面已经讨论过考古学家对地点——尤其是作为古迹所处历史语境一部分的地点——的关注。在谈到古迹时，蒂利认为它们的历史语境与古迹的地理规模有关，而地理规模则与彼时人们接触世界的手段相关联。毕竟，这些古迹不是外星人或大象建造的：它们是为我们人类建造的。

蒂利直截了当地提出问题："为什么巨石阵坐落于它如今所处的地点？为什么是在这里？为什么是这个地点？"令人惊讶的是，在 20 世纪 90 年代以前，我们甚至无法对此作答。被称为"古董商"的业余人士组织的调查和早期的考古研究主要集中在巨石阵的大石头上，而忽略了周围的环境。这种情况直到 20 年前才开始发生变化：随着对周边调查的展开，地图上标出了土丘（人为垒起的小山包）和其他古迹的位置，以及埃文河西岸的地形（自然山脊、丘陵和浅谷）。人们徒步考察、绘制地图并用地球物理仪器扫描的巨石阵周边区域面积达到 180 平方千米，几乎是迪士尼乐园面积的两倍。[16]

在这片广大的区域中，许多此前未知的建筑结构被发掘出土，还制作了更精确的基于放射性碳定年法的年表。这使得我们离揭开古人精神世界中巨石阵的全貌更进一步。

建造巨石阵——这仅仅是这片建筑群的众多建筑之一——的决定可以追溯到首批巨石被运来的近千年之前，当时建造了一个 3 千米长的狭窄围墙，如今被称为巨石阵古围墙（Cursus）[①]。从地图上看，古围墙像一条东西走向的赛道或着陆跑道，但它并不具有这两种用途；相反，人们认为它被用于仪式性的朝圣和游行。自此以后，该地区积累了越来越多的祭祀建筑结构，其中包括代表第一代巨石阵（或称"巨石阵前的巨石阵"）的环形沟。

多年以后，在此地标志性的巨石落成的同时，一个数千人的村庄也在附近建立起来。蒂利指出，从地形图上看，正是这些石头的放置，让这个原本相当乏味的地点具有了"戏剧性和戏剧力量"。他注意到，这些巨石位于一个小盆地中，后者形成了一种"视觉包络"，包括北面古围墙的一部分，但不包括河流和村庄，而这两者距离此地都不远。如果将代表土丘的点连接起来，与巨石阵之间视野畅通无阻的位置的视觉模式便可以为地图上的土丘呈集簇或弧线分布提供解释。

巨石阵周围的景观与迪士尼乐园有一些共同之处：两者都有一条独特的干道，旨在连接各个地方。在迪士尼乐园，这条干道名为"美国主街"，从主入口开始，通向沃尔特·迪士尼和米老鼠的雕像。在巨石阵，这条路被称为"大道"（Avenue），从村庄上游的埃文河一直延伸到巨石阵 9 米高的巨石，形成一条宽阔的弧线。在巨石阵内发现的大量墓葬，在一些考古学家看来，表明活人的领域（村庄）和死人的领域（立石）之间存在着象征性的联系。

巨石阵的建造原因是另一道难解的空间谜题。对这个问题而言，要找到答案，与其说是要验证其他假设，不如说是要综合人类的共同经验：在对人

---

① Cursus 今天也包含旱沟的部分。——译者注

们有意义的地点建造墓葬纪念碑，以纪念死者，并象征性地将生者和死者联系在一起。关于巨石阵的用途，还有其他解释，比如作为一种可以追踪太阳一年四季运动变化的日历，或是人们讲述和传承口头传统的地方。无论如何，重点在于：我们之所以能够理解这些地点，是因为我们也是人类。人文学科和科学一样：我们的求知之旅永远不会结束；我们所认识的一切都不是永恒真理，可以重新审视，而且永远有更多的东西需要学习。

•　●　•

我喜欢在复活节看着孩子们跑来跑去，寻找藏起来的塑料彩蛋。这是一种纯粹的乐趣。找到史海遗珠的激动感是考古学的一部分。但与寻找复活节彩蛋不同的是，我们的目标不是找到东西，而是发掘它们的真相。在考古学中，这意味着我们需要反复推敲事物出现在如今所处之地的原因及其背后的来龙去脉。

本章中，我们简要讨论了如何从三个密切相关的方面来考虑考古发现的地理位置：数据、信息和证据。在考古学中，将位置数据转化为具体信息需要强有力的论证，虽然这属于专业领域的一部分，但对任何对历史感兴趣的人来说，都是值得了解的。欲将位置信息转化为证据，需将其置于合适的知识框架中，如前文通过科学和人文视角进行空间分析的简单例子说明的那样。

在接下来几章，我们将首先探讨地理空间技术如何使我们更容易获得许多新发现，然后再回过头来探讨更大的问题：这些技术对发掘这些发现的来龙去脉有何帮助？

II
Part

第二部分

— 第三章 —
自高空俯瞰

第一张从高空俯瞰地球的照片来自早期航空和摄影术的结合。这张世界上最早的航拍照片于 1858 年从巴黎上空盘旋的热气球上拍摄。虽然这张照片没有流传下来，但那个时代还是有其他照片得以留存至今。对于 150 多年前的人们来说，这一新技术多么令人瞩目！尽管这张照片过去和现在都颇令人印象深刻，然而从高空拍摄考古现场在相当长的一段时间内仅仅是一种新奇事物。考古学的主要工作仍然是发掘遗址，以及用精美细致的手绘地图予以记录。

考古学家学会使用飞机和卫星拍摄图像的故事并不是一段英雄史诗。换言之，科学家们的认识水平并未在一项技术进步的引领下直接被拔高到前无古人的水准。航拍技术的应用走过一些弯路，比如在 20 世纪 80 年代到 90 年代，卫星图像曾被用于寻找所谓的"失落之城乌巴尔"的荒诞探险。相比之下，当各个因素完美结合在一起时——合适的工具、合适的地点、合适的研究目标——新技术的应用就会取得真正卓越的成果。这就是二战刚结束时发生的事：当时，一位名叫戈登·威利（Gordon Willey）的年轻美国考古学家在航拍照片的帮助下，高效地将其在秘鲁的发现绘制成地图。这项工作是他研究的一部分，他在研究中以别出心裁的视角探究了历史在独立社群层面是如何演进的。本章将从威利的故事开始。

·　●　·

威利出生于大萧条时期的一个中产家庭，在高中和大学成绩优异。但在1936年，他攻读研究生的所有申请均被拒绝。威利并未气馁，随后便在全国范围内参与发掘工作，最终在数年后被哥伦比亚大学录取。彼时的考古学工作完全集中于年代学：对文物丰富的地点展开发掘，并根据出土文物的风格变迁谱写一段文化史。威利就是这样在秘鲁完成了自己的毕业论文，此时正值美国参加二战前不久。

战后，威利做了个颇为大胆的决定：重返秘鲁，作为史密森学会研究团队的一员投入到一项前所未有的工作中。考古工作的目的地选在了与南加州的气候别无二致的维鲁谷，旨在沿着整个沿海谷地寻找代表聚居地的地基遗迹，并重现不同时期人们的定居模式。

在1946年，勘测谷地需要走过一整片被威利称为"怪石嶙峋而又绵延无边的维鲁谷史前聚落的遗迹残留"。自然，对早已适应秘鲁田野调查工作的威利来说，环境阻碍实在算不上什么。他真正担心的是，自己在长期的徒步考察中耽误了太多时间，却无法对富含文物的地点展开发掘。除了浪费时间，这也在一定程度上会对他未来的职业生涯产生负面影响。

这次调查的成功在很大程度上要归功于詹姆斯·A. 福特（James A. Ford）的贡献。吉姆·福特（原文此处为昵称）只比威利大几岁，自称是一名"在密西西比乡间野蛮生长的男孩"，如今因其在北美的文物挖掘工作闻名于世。正是福特提出了可以借助航拍照片高效绘制山谷地图的想法。考察季开始时，在前往维鲁谷之前，考察队在利马稍作停留，购买了22张航拍照片，每张照片约为电影海报的一半大小。这些照片由秘鲁空军拍摄，并按 1∶10000 的比例打印。在这种比例下，很难看清任何东西。两个足球场端对端在照片上只有 2 厘米长，而像房屋地基这样的东西就更小了，根本无法看清。

为了让买来的照片发挥作用，他们使用了一种投影仪将每张照片放大，然后通过对投影图像进行描摹，绘制出比例为 1∶700 的地图。在这种比例下，两个足球场的长度大致为 30 厘米。在照片上，维鲁谷的古建筑特征——围墙、土墩、用泥土和石头建造的金字塔——在周围的自然景观中格外显眼。粗略地说，它们看起来就像奇怪的影子；依靠追踪这些影子绘制出的显示建筑位置的地图，考古团队不仅掌握了导航的方法，还了解了自己到达之前此地的情况。

维鲁谷中有许多壮观的建筑。但除了建筑之外，威利及史密森学会考古队更希望勘测聚居地中各种不同类型的地点，包括居住场所、农耕场所以及敬拜场所。在追踪了"奇怪的影子"4 个月后，考古队获得了远超预期的收获。他们一共标记了 300 个遗址，而当遗址的位置被按顺序在地图上标注出来时，所获图像的价值甚至让这一庞大数字都黯然失色。当时，排序的依据是在地表观察到的文物艺术风格和类型，尤其是陶器。

宽泛地说，他们发现最早在山谷中定居的农民并没有"修建任何土丘或特殊建筑"。随着时间的推移，开始出现了以小型建筑为标志的村庄，以及一些可能是神庙或具有其他特殊功用的建筑。之后，才有第一座金字塔、防御工事以及宫殿。重要的是，威利和他的团队还追溯了大规模修筑运河灌溉田地的历史。当然，此事在历史上平淡无奇。但有了运河，山谷的自然环境就能生产出足够的粮食，以养活不断增长的大量人口。令人惊讶的是，没有经过大量的考古发掘，遥远的过去正在变得明晰。[1]

在维鲁谷项目结束数年后，威利获得了一个哈佛大学的捐赠教席——而哈佛正是当初拒绝他研究生申请的学校之一。除此之外，威利还向世界展示了考古学的全新面貌，正如他在自己的著作中所描述的那样：

"过去文明的物质遗存就像海水退却时浅滩上的贝壳。它们生活的环境和生命机能都已消失，只留下死气沉沉的空壳。要了解古代社会的结构和功能，必须以这些只留下生命痕迹的静态铸模为基础。在（史前）……所有可以为考古学家所研究的方面中，也许对这种理解最有帮助的是定居模式。"

换句话说，通过研究定居模式，考古学家有可能对现实世界中各种事物的运行倾向作出预测，例如人口如何增长、社会如何演变。

对定居模式的研究兴趣引发了在考古学中使用航拍照片的热潮。20 世纪 60—70 年代，整整一代的考古学家奔赴荒郊野外——没有全球定位系统，没有手机，只有背包里标注好的航空照片，以及但愿可靠的吉普车。考古学家们终于认识到，若要提出并回答有价值的问题，就必须说清一个地点周围或不同地点之间发生了什么，而不是局限于在一个地方进行发掘。这种想法——通过观察聚落布局和类型的变化来了解过去——本身就是一种革命。

· ● ·

如今最详尽的古代欧洲地图并非考古团队在穷乡僻壤耙梳的结果，而是与航拍照片的巧妙应用密切相关的。留心巨石阵周围的那圈暗色圆环——那是一条早在第一块巨石矗立之前许多个世纪便已存在的沟渠，其内野草的长势与周围略有不同。这一现象经常出现在农田的航拍照片中，称为"作物印记"（crop mark）[2]。

作物印记的几何形态多种多样，在全球范围内都有分布。巨石阵埋于地下的环形沟渠如同花泥一样锁住了土壤中的水分，因此其内野草的长势较之周围更好，在地图上呈现更深的绿色。反之，倘若埋于地下的是古墙壁，植物的长势就会因缺水或土层较浅而变差，草甸因而变得更接近褐色——

在黑白相片中则表现为较浅的颜色——这一现象也被称为"负向作物印记"（negative crop mark）或"浅色作物印记"（light crop mark）。作物印记的明显程度取决于拍摄照片时的特定环境条件[3]：季节、一天中的具体时刻甚至拍摄时掠过镜头的云彩都将影响作物印记在航拍照片上的可见性。但即便如此，一旦掌握了这些基本准则，对作物印记的利用将为航拍定位考古遗址带来诸多可能性。

第一张巨石阵的航拍照片拍摄后不久，第一次世界大战爆发，欧洲的天空成为第一场空战的舞台。在比利时和法国泥泞的战壕上空，飞机被用于轰炸或空中对决，"红男爵"（Red Baron）或类似的传奇故事由此诞生。从空中绘制战场实况的侦察照片为参战者提供了有关敌方领土及其准备行动的信息，并因此成为军事行动的关键。但当时他们并不知道的是，这些军事飞行员同时还在欧洲各地拍下了成千上万个保存完好的考古地点。

世界各地的档案馆内保存着两次世界大战期间在欧洲上空拍摄的数十万张甚至数百万张图像。彼时现代航空摄影技术尚未面世，离优质卫星照片的出现更是遥远。如今人们努力将归档的航空图像用于遥感，对此我们只着重介绍两项研究，它们是正在开展的工作的良好范例。

让我们从比利时开始。在第一次世界大战的大部分时间里，从比利时海岸一直延伸到法国阿尔卑斯山的西线战场上，各国军队一直处于胶着状态。驾驶飞机飞越这片广袤的无人区要冒着被击落的风险，但传统的军事情报收集手段——在主力部队前安排几位骑马的侦察兵——更不可行。

最近，比利时根特大学的一个研究小组希望利用一战留下的图像资料寻找某种独特的作物印记，这种印记是由环绕大型农场的壕沟留下的。[4]与城堡不同，当年壕沟环绕的农场的主人是家境殷实的庄园主或不起眼的小权贵。这些农场的历史可以追溯到中世纪，大致自公元400年至1500年，横亘约1000年。与城堡的护城河类似，壕沟也承担着保护住地安全的职责，在其保护的范围内可以容纳许多房屋、牲畜和花园。为这些事物绘制一张详尽、完整的地图，是重现中世纪定居模式的第一步。

首先，需要为收集到的航空图像按拍摄地点进行分类。研究者们计划为这些照片建立一套拼接图形式的数字化版本，这些照片多年来一直被研究人员用作查找辅助工具。[5]之所以提出这个构想，是因为可视化的地理空间索引可以让人们通过地图而非地名之类的文本来搜索图像。随后，根特大学团队利用该索引标识了 4000 张数字化的照片，然后将这些照片放入真实的地理空间中，使它们组成一张巨大的合成图像，展示了比利时部分地区在约 1914 年到 1918 年间的样貌。这项工作遭遇到了不少困难——例如推算照片的拍摄角度、找寻地面上的地标等，而这一切都是定位"有壕沟环绕的农场"所必需的。

考古队最终找到了 500 座符合条件的农场，其中只有一小部分是考古学界以前已知的。应该说，现在公之于众的壕沟农场的密度令人难以置信，任何在比利时境内直线行走一个小时的人，都会遇到大约 5 个。此类数据驱动型项目——基于可获取诸如一战航拍照片等数据集之适用性的项目——被用以为其他研究提供指引。[6]如果没有这些项目，我们可能永远都不会知道，某组特定的遥感图像竟能为我们描绘特定历史时期的聚居图景。

在根特大学的这项研究中，最值得关注的发现之一是照片上的一些圆形图样。在所有条件都相同的情况下，这些图案看起来像是青铜时代的土方工程，其年代远远早于壕沟农场。但事实并非如此。实际上，这些圆形图案是在堑壕战的长期僵持期间为饲养战马而临时搭建的围栏。这对想要绘制战争地图的军事历史学家来说颇有价值，而对想从空中绘制地貌的考古学家来说也是个警示：不要过度解读我们看到的东西。

或许有人会问：难道以前从未有人关注过这些作物印记吗？事实上，许多人都注意过它们。最起码，农场主们会留意到自己田地里出现的巨大的、看上去不自然的形状。正因如此，人们才会认为遥感在测绘中是比人力探索更优秀的选择。在英国最西南部的康沃尔郡有一群真正致力于这种制图方式的人，我们将在下面讨论他们的工作方式。[7]

康沃尔郡与罗得岛几乎一般大。与英国的其他地区一样，这里有着丰富而风味十足的英式考古遗迹：石质纪念碑、土方工程以及真正的城堡。虽然许多遗迹已声名在外，但将它们全部绘制在地图上依然是一项繁重的工程。在过去数十年间，考古学家们力图使用航拍照片将几乎一切事物拼凑在地图上。作为英格兰遗产署国家测绘计划的一部分，一项近期的工作包含了33000张照片，其中的许多由英国皇家空军（RAF）负责拍摄。一支由考古学家组成的工作团队历时12年，将照片存入数字地图中，并核对照片中与现有记录相左的部分。团队绘制了30000个独特的地貌特征，新增了上万条记录，几乎使康沃尔郡已知的考古地点总数翻了一番。

这项工作真正令人钦佩的一点是，尽管近四分之三的新记录来自一组特定的航拍图像，但他们并没有简单地放弃其他图像，而是保留了其中同样有价值的那些。因为这项工作是制图，不是寻宝。放弃为地图添砖加瓦的机会有违考古学的原则。自然，这种特定类型的考古有其科研目的，在某种程度上也受数据驱动，但其根本目标仍然是归档文化遗产，以便更好地保护它们。这些地图意义重大，因为人们无法在不知文化遗产在哪里或是什么情况下保护它们。

• ● •

就像从巴黎上空拍摄的第一张航拍照片一样，从太空中拍摄地球照片的时代也源于一次飞行上的创新。第一张太空照片拍摄于二战刚结束后。1946年，美国工程师在一枚缴获的德国 V-2 火箭上安装了一台 35 毫米的电影摄像机，并将其发射到新墨西哥州上空 100 多千米处。在火箭坠回地球后，他们发现部分黑白胶片奇迹般地幸存下来，为我们呈现了一幅自己家园模糊但壮丽的画卷。从太空中获得高质量的照片则是近 20 年后的事了。1965 年，苏联宇航员和美国宇航员都开始执行舱外活动任务——太空行走。他们随身携带了相机。

与其他诞生自太空竞赛的技术一样，太空摄影曾一度是机密，而且有过失败的开端。第一位太空行走者是一名苏联宇航员 ①，他在胸前绑了一台相机。出舱后，他沮丧地意识到，工程师对他的宇航服在低地球轨道真空环境中的膨胀情况考虑不周。他的宇航服迅速膨胀起来，不仅使他难以接触到相机，而且还差点无法返回太空舱。

几个月后，作为"双子座"计划的一部分，美国人成功完成了一次舱外摄影。如果你对胶片摄影感兴趣（如今胶片摄影已成为昂贵的复古摄影），他们使用的相机是配备 70 毫米镜头的哈苏 500c [8]。这个黑色盒子是一款中画幅胶片机，其胶片宽度是标准胶片相机所用胶片的两倍。它拍摄的照片非常漂亮，细节十分丰富，所选取的视角即使在今天也很少有人能亲眼见到。

在远离公众视线的地方，在美国中情局戒备森严、烟雾弥漫的小房间里，对卫星影像的应用甚至比第一次太空行走还早几年。到 1960 年，一项由美国中情局和美国空军主导实施的、代号为"日冕"的项目已经完善了一种间谍手段，它可以遥控引导卫星前往他们选择的任何地方进行秘密调查，这些地点通常是俄罗斯或中国（俄罗斯人不甘落后，在"天顶"计划中也发展了自己的间谍卫星系列）。按今天的美元计算，"日冕"每年的成本约为 10 亿美元。这可不是一项小工程，并在技术上取得了一些了不起的成就。

拍下第一张太空照片的 V-2 火箭需要在坠落回地球后方能将有效载荷

---

① 该宇航员是阿列克谢•阿尔希波维奇•列昂诺夫。——译者注

送达。然而，对日冕卫星的要求是安全、快速、秘密地将照片送回地球，以此发挥最大效用。解决方案是：从太空中投放未冲洗的胶片。卫星将拍摄一卷中画幅胶片，用箱子包装好，然后从轨道上弹射出去。它将借助随附的降落伞降落，并由一架飞机在半空中将其捞起。[9]

到 1972 年，"日冕"计划被搁置，并被无须从太空中投放胶片的新卫星系统取代时，日冕卫星已经拍摄了近 100 万张黑白照片。20 年后，即 20 世纪 90 年代中期，冷战趋于缓和，美国政府解密并向公众公布了这些照片。在分辨率最高的数字版早期卫星影像中，一个像素对应的地面长度不到 2 米。在这种分辨率下，细节的清晰程度有可能与维鲁谷项目在放大的航拍照片中所见的相当。与第一次世界大战中王牌飞行员拍摄的航拍照片一样，这些照片已不再具有军事战略价值，但考古学家们找到了一种方法，使它们可以在一片现今因冲突而越来越难以开展新的实地调查的土地——中东——继续发光发热。

•　●　•

在人们想象中，中东干燥且人烟稀少。但是，如果你想让时间旅行者回到世界上最早的城镇、村庄和城市，这就是他们要去的地方。早期的城市生活以人工台型土堆的形式固定在中东的地表上，这些人工土堆被称为 tells。中东土堆是一代代人在同一块土地上反复建造的副产品。如果一名时间旅行者穿越回土堆第一代建造者的时代，他可能会发现一座由简单建筑组成的小村庄，房屋的相对高度与周围的平坦田地齐平。几个世纪后，这里的居民居住在更高的地方，民居下方是旧地基垒砌成的土丘。这种方法一直延续着；事实上，很多当地居民至今仍住在中东土堆上。

由于人们世世代代生活在这些土堆上，因此这些土堆总是在重新布局和重建，在现代社会发展的冲击下尤其如此。2012 年，在日冕卫星拍下最后一张照片约 40 年后，由考古学家杰西·卡萨纳领导的阿肯色大学团队抓住机会，编制了一本覆盖广大区域内中东土堆的地图集。在美国国家航空航天局（NASA）的资助下，他们将大约 1000 幅日冕卫星拍摄的照片导入地理信息系统——这件事难度很大，因为要对图像进行各种校正，以与实际地表相匹配——然后将其发布到网上。

如今，《日冕卫星中东地图集》展示了 800 多座古土堆的位置，其中许多在现代已成为城镇。进一步的研究表明，该地图集只是所有中东土堆的冰山一角。卡萨纳将遗址数量从数百个增加到了数千个，还有人记录了该地区几个世纪以来人们借以互通往来的古道网络——在地表上刻画的非自然直线。但是，其他地方的考古情况又如何呢——例如，间谍卫星照片中会出现中国长城吗？

在记忆中，太空无时无刻不令我着迷。小时候，只要大人愿意听，我就会滔滔不绝地向他们讲述天文学知识，他们中很多人只是假装在听。其中有一条是——你以前可能也听说过，甚至还与我一样向他人重复过——中国长城是唯一可以用肉眼从太空中看到的人造物体。但事实证明，从太空看到长城的"事实"是错误的。[10]奇怪的是，这个说法竟可以追溯到 1754 年。威廉·斯图克利（William Stukeley），一位跻身上流社会的英国古董收藏家，对诸如巨石阵和位于埃夫伯里的巨石圈等古迹颇有兴趣，但他显然缺乏对光学、天文学或中国考古学的深入理解。不过，这并没能阻止他用羽毛笔蘸着一小罐墨水，在一封信中断言长城是唯一能从月球看到的人类建筑。

我曾查看过一些日冕卫星在飞越北京上空时拍摄的已解密照片，并锁定了一个位置，那里有一段保存完好的长城蜿蜒在城北的群山之中。[11]在斯图克利作出那番胡诌两个多世纪后，这些照片彻底推翻了他的说法：从太空中看不到任何城墙。平心而论，这些照片的最佳分辨率并不高，一个像素大约对应地面上的 10 米。在更高分辨率的图片上，比如在谷歌地球上，可以清楚地看到长城，但同时还可以看到很多其他人造事物——村庄、城市、道路——那个说法再一次被揭穿了。

在我们今天看来，从高空将这颗蓝色星球的任意角落尽收眼底，是一件理所当然的事。因此，我觉得值得花一些时间来回顾一下制作这颗美丽的数字蓝色大理石的全过程，以及它对考古学的贡献。

· ● ·

谷歌地球可能诞生于 2001 年，但在 NASA 从 20 世纪 60 年代的"阿波罗"计划转向优先发展低轨道飞行任务时，就已经开始收集制作谷歌地球的基础数据了。这一举措为我们带来了 20 世纪 80 年代标志性的航天飞机项目和可居住人造卫星建设项目，也就是现在国际空间站（ISS）的前身。1972 年，NASA 发射了第一代卫星，旨在获取全覆盖的地球图像，并利用一系列星载传感器进行扫描。这个名为"陆地卫星"（Landsat）的项目的名气不如航天飞机响亮，但却比 NASA 的其他项目更有生命力；现在它已经发展到了第八代卫星，而且每一代比上一代都有所改进，最新的一代于 2013 年发射。

最初的几颗陆地卫星都携带成像传感器，用于记录从地球表面反射的肉眼可见和不可见的能量。想象一个老式的收音机刻度盘，中间的一小部分条带代表可见光波段。我们耳熟能详的"Roy G. Biv"记忆法，即彩虹中的颜色顺序（红—橙—黄—绿—蓝—靛—紫），就是按低频（红色）到高频（紫色）排列的可见光光谱。所有这些波长都被陆地卫星的光学传感器记录了下来。

在我们的老式收音机中，低频台（表盘左侧，红色之外）代表红外光谱，而频率略超肉眼捕捉极限的地带（表盘右侧，紫色之外）则是紫外光谱。[12]

记录电磁波谱上各种不同波长的仪器被称为"多谱段仪器"。NASA 深知从不同频率获取信息的重要性，因此陆地卫星从一开始就配备了多谱段传感器。

20 世纪 70 年代到 80 年代，随着计算机技术的进步，陆地卫星可以轻松地将数据传回 NASA。但这项工作需要传输大量数据，在传真机盛行、移动电话有砖头大小的时代，他们是如何做到的呢？为此，研究人员作出了几项将来会使这些数据在考古学研究中起到关键作用的实用决策。

人类进化而来的能力，不仅包括拥有捕捉一狭小波段内光线的视觉，还包括将光谱的连续值打断并视其为各种独立色彩的能力。NASA 的工程师使陆地卫星拥有了类似的功能：仪器并不通过光谱读数告诉人们地面上每个点在每个波段的能量密度，而是将特定频率区间的数据划分为不同的波谱带（波谱带 1、波谱带 2 等）。每代新的陆地卫星都会改进这些谱带的分割精度。例如，在第一次飞行任务中，有一条波谱带被称为"可见橙红"（580—680 纳米）；而在最近一次飞行任务中，该段被削减为"可见红"（640—670 纳米），宽度减少至原来的约三分之一。[13]

来自陆地卫星的图像不仅为政府所用，同时也向公众开放——这是它得以比其他项目留存更久的原因——而且最终用户将会获得经过后处理的数据。"后处理"是一条含义宽泛的术语，泛指所有将数据变得可用的手段。一名科学家可以直接获取在真实世界坐标系中部署的陆地卫星数据，就像阅览一张地图一样。[14]

最后，也是对考古学最重要的一点是，NASA 必须在卫星所拍摄的地球照片的精细度和完整性之间作出权衡。对 NASA 而言，重点是照片的完整程度，而不是分辨率。在最初的任务中，每个像素代表的面积约为 80 米 × 80 米，但很快就缩小到 40 米 × 40 米。[15]随着时间的推移，空间分辨率降到了 30 米，之后又降到了 15 米。如今，在陆地卫星影像的最高分辨率下，一个像素通常也不过略大于一个标准停车位。因此，尽管 NASA 付出了巨大的努力才为我们提供了这些数据和图像，但由于它们的分辨率太低，因此对考古学家来说一直没有特别大的用处。

20 世纪 80 年代，NASA 开始召开会议，试图以原定计划外的方式使用所获数据：辅助考古发现。和今天的在线众筹平台 Kickstarter 一样，多年来，NASA 一度支持过一些伟大的想法，但也支持了一些糟糕的想法。

在陆地卫星呼啸着扫过地球的同时，NASA 还展开了航天飞机任务，以为创建逼真的地球三维模型收集数据。需要指出的是，我们生活的家园并不是一个完美的球体，而且由于缺乏高质量的航拍图像，当时世界上的一些偏远地区仅仅具备基本的地形信息。因此，20 世纪 80 年代，NASA 开始用雷达从太空拍摄地球。

这个点子并不复杂。雷达是航空业的标准设备，可以发射会在固体物体上反弹的信号，借此探测其相对位置。信号可以穿透云层，白天和夜晚都能工作。为了在太空中进行测量，需要将雷达装置和其他有效载荷一起装入航天飞机；进入轨道后，航天飞机打开舱门，面向地球开始拍摄。这一技术的专业术语叫作"合成孔径雷达"（synthetic aperture radar），意在强调地理模型生成于一个不断移动的雷达平台上。

在 NASA 主办的早期会议上，雷达数据让包括考古学家在内的所有人都大开眼界。1981 年，第一台航天飞机成像雷达仪器（SIR-A）在飞行任务中获得的图像显示，在根本没有河流的撒哈拉沙漠中出现了像河流一样的东西。这些"雷达河"是信号穿过松软的沙地下方深达 1 米处的结果，揭示了已干涸数千年的大河和小溪的位置。几年内，考古学家们亲自对这些地方进行了调查，这一过程被称为"地面实况调查"（ground-truthing），结果清晰无疑地表明：沙漠沙层下面不仅埋有古老河流沉积的实物证据，还有沿河两岸的人造物。倘若没有这些沉积的雷达图像，要想全面勾勒该地区在变成世界上最大的沙漠之前的生活图景就会困难得多。

继"雷达河"之后，空间雷达在考古学中的应用时断时续。例如，雷达被用来寻找我们的老朋友——中国长城的残段。在 1997 年发表的一篇简短论文中，科学家们指出，可以在雷达中看到万里长城的全貌，包括断颓残破和埋藏土下的部分。然而，人们很快便意识到，能够从太空对地下进行搜寻的情形十分稀少，限制因素颇多：最起码，目标需要有足够大的体积，且位于松散的沙土之下。

由于图像的分辨率太低，因此对大多数考古学家来说并无用处，而雷达数据的应用范围又很有限，这意味着 NASA 早期的成果普遍受到了考古界的冷遇。这未尝不是一件憾事，因为如果能够加强合作，NASA 也许就能避免又一场寻找失落之城的荒唐冒险。

•　●　•

20 世纪 80 年代末，游手好闲的南加州小子——比尔（Bill）和泰德（Ted）的时空旅行冒险故事传遍世界 ①。他们怎么会有时光机？他们为什么要穿越时空去见著名的历史人物？这些问题都没有抓住重点。故事的关键在于，他们将出发并经历一场精彩的冒险，或者说在续集中进行一场荒诞的旅行。

NASA 的事业令人尊敬。但在 1983 年，他们在南加州某人的欺骗下加入了一场捏造的冒险。此人名为尼古拉斯·克拉普（Nicholas Clapp），住在比尔和泰德家乡的路边，从事纪录片工作。克拉普想投身于冒险事业，特别是去阿拉伯半岛寻找"沙漠中的亚特兰蒂斯"，一座叫乌巴尔的城市。

"乌巴尔"这个地名出现在《古兰经》和其他古籍中。经过一番卓有成效

---

① 比尔和泰德是 1989 年在美国上映的科幻喜剧电影《比尔和泰德历险记》中的主人公。——译者注

的考察之后发表的研究表明，这个地名并非一座特定的城市，而是指阿拉伯大沙漠边缘的一个地区。换句话说，并不存在"失落的乌巴尔城"，因为根本就没有一座叫乌巴尔的城市。

1983 年，NASA 正竭尽全力推进遥感技术在其主业之外的应用。因此，当克拉普拨通了喷气推进实验室（JPL）的电话时，他并没有被拒之门外，而是得到了与罗恩·布洛姆（Ron Blom）促膝长谈的机会。布洛姆是遥感技术在地质学领域应用的专家，拥有加利福尼亚大学圣巴巴拉分校的博士学位。两人在 JPL 的咖啡厅会面，克拉普向布洛姆推销了利用新卫星数据寻找乌巴尔的想法。鉴于专业考古学家曾对"雷达河"表现出的兴趣，在沙漠中寻找一个特定的考古目标自然也合情合理。

这对搭档首先检查了现代阿曼周边地区的图像。当时，他们只有前几代太空雷达仪器（SIR-A 和 SIR-B）的数据，下一代雷达的发射则在 1986 年"挑战者号"航天飞机事故后被推迟了。当他们利用雷达图像寻找乌巴尔时，没有发现任何看起来像失落城市的东西。于是，他们查阅了陆地卫星数据。结果，较长波长（近红外）的图像中显示有沙漠中的古老人类踪迹，这为找到古代聚居地带来了新的希望。但陆地卫星的图像分辨率很低，因此布洛姆将陆地卫星的数据与法国航天局新发射的 SPOT 卫星提供的更高分辨率的数据结合起来。SPOT 即地球观测卫星（Satellite pour l'Observation de la Terre），拥有 10 米分辨率的全色图像。在这儿（原文为法语）！此时，两人循着踪迹，发现它们通向沙漠中一座"L"形人造物；他们称之为"L 遗址"。

当克拉普为"L 遗址"探险队筹集到资金和其他专业人士时，已是 1990 年，距离海湾战争爆发只有几个月的时间。为了到达这处特殊而偏远的地点，他们使用了当时最高科技的结晶：全球定位系统。当考察队借助阿曼皇家空军的直升机被送到遗址附近时，他们发现了考古遗迹，但并不是他们要找的东西。

值得庆幸的是，团队中至少还有一位考古学家。他环顾四周，几分钟后便找到了新石器时代的文物。原来，"L"形构造是沙丘移动时露出的天然洼地。考古队认为乌巴尔属于青铜时代的晚期。这些新石器时代更古老、更简陋的生活迹象表明，也许这种搜寻方法并不适用于他们研究的时期。海湾战争结束之后，考古队又返回此地开展了数次考察，目标是在一座现存村庄附近的卫星影像上发现的一些有趣图样。结果发现，这些都是用石头砌成的防御工事，其中大部分建筑已被沙子覆盖，或坍塌进了一个天坑里。如今，如果在谷歌地球上搜索"阿曼的乌巴尔"，就会立即跳转到研究小组在阿曼考察时找到的古代防御工事的卫星影像。

克拉普如愿以偿。20 世纪 90 年代初，乌巴尔城的故事得到了一些新闻报道。随后，预料之中，克拉普制作了一部纪录片，并按同样的思路撰写了一本书。值得称赞的是，布洛姆此后一直与专业考古学家合作，此外还撰写了关于阿曼之行的唯一学术性总结文章。尽管如此，从考古学的角度来看，整件事还是让人大跌眼镜。这趟旅程从来都不是真正的考古。它是对冒险的追寻和对前景的允诺；它的目的是寻找事物，而不是发掘真相。

或许有人会说，这一切听起来只是无伤大雅的娱乐。但是，我们已经不再生活于一个必须联系 NASA 专家才能获取高分辨率卫星影像的世界，如今在工作中使用遥感技术的考古学家也越来越多。现在，区域地图所显示的地理考古范围比以往任何时候都要大得多，内容也空前丰富。在过去只有寥寥数个考古地点的地区，现在已知的考古地点可能已多达数万个，这使我们距离将理解古代社会的梦想化为现实，如前文讨论定居模式时所述的那样，又近了一步。走到这一步已实属不易，但如果考古学被描绘成一种寻宝游戏，前进无疑会难上加难。

· ● ·

卫星是我们用来创建或重现数字版古代世界的工具之一，我们还会回到这一话题。接下来，我们将讨论一些在今天使用的真实设备，它们看上去像是时间旅行者会从工具包中取出的仪器：扫描仪。

— 第四章 —
扫视地球

　　如今，考古学家的工具包里有各种各样的扫描仪。在扫描仪问世之前，寻找考古遗址，通过绘制地图和工程制图记录考古发现，以及分享考古成果，往往是非常费力的事情。使用激光渲染现实世界三维数字模型的扫描仪改变了我们完成这些任务的方式，因为它们能够制作出我们所能看到的考古记录的任何部分的逼真副本。但是，尽管使用这些设备变得越来越容易，成本也越来越低，它们却无法告诉我们地表下藏有什么。为了解地下或海底的情况，我们需要使用一套不同的扫描设备。

　　如今的考古学家在地面上拖着各种不同的装置行走，目的是在不进行挖掘的前提下找到被掩埋的东西。这样做的原因很简单：一旦进行了挖掘，遗址的完整性势必会遭到部分甚至完全破坏。就像外科医生追求手术微创一样，我们只在必要时才进行挖掘，在挖掘时也尽量做到"微挖"。为了就挖掘的位置与程度作出合理决策，考古学家们会充分利用测量地球不同自然属性（如磁场或土壤导电性）的仪器所提供的扫描数据。由于种种原因，对地下遗址进行成像要比制作三维模型困难得多，因此我们通常称其为"勘探"，而不是"测绘"。

人们对这些技术的工作原理存在很多误解，因此我认为，在进一步了解这些技术产生的数据集类型以及我们可以利用这些数据集做些什么之前，应该先解构一下这些技术的工作原理。让我们从我个人最喜欢的激光开始。

· · ●　·

得益于激光的帮助，我将在有生之年比前辈们看到更多的考古成果。在考古学领域，如同在地质学或生态学等其他涉及实地考察的学科领域一样，学者们穷尽一生也只能在世界上找到自己所寻事物的极小一部分。我们并没有无限的时间在丛林中砍伐，或在沙漠中挖掘。在地平线另一侧或地底更深处，总会有更多有待发现的东西，因此我们只能尽可能地充分利用手头有限的时间和资源。

每时每刻，安装在飞机上、架设在三脚架上以及缩小到手持式大小的激光扫描仪都在被用于建立文物、遗址甚至整个古城的逼真数字模型。生成点云（point clouds，详见后文）以捕捉三维空间中一切事物的技术通常被称为激光雷达或 LiDAR，即"光探测和测距"（light detection and ranging）的简称[1]。激光扫描被誉为开启地理空间革命大门的钥匙。虽然我通常对任何受到如此赞誉的技术都持怀疑态度，但在这里，它当之无愧。自从使人能够捕捉二维世界影像的摄影术面世以来，人类用于记录自己周围环境的技术从未有过如此大的飞跃。

自被发明以来，因其在测距方面非常出色，激光就一直被用作地理空间技术。用激光照射某物体来计算距离的方法被称为"时差法"（time-of-flight）。下面的例子可以说明其工作原理。

20 世纪 60 年代初，当激光的各种实际用途尚处于研发阶段时，科学家们向月球发射了一束激光。光子在一束光中前进，花了 2.56 秒才从月球上反射回来。由于光速是恒定的（大约每纳秒30厘米或每秒30万千米），一旦测出激光束的飞行时间，就能得到计算距离所需的数据 [即单程到月球所需的时间（1.28秒）× 光速（每秒 30万千米）= 到月球的距离（38.4万千米）]。

要测量物体间的更短距离，就必须将激光传播的时间精确到纳秒级。以现代计算机的处理速度，这不成问题。这就是如今激光卷尺可以在五金店中随意买到的原因，它利用激光传播的时间来测量距离，精确度约为一枚硬币的厚度。

虽然以激光进行单次测距在很久之前就已实现，但直到20世纪80年代，利用激光进行航空测距——称为机载激光雷达或航空激光扫描——才广泛投入使用。其工作原理是一次进行大量激光测距。激光扫描仪（每秒可发射多达十万个脉冲）无法预知哪些脉冲会被树顶反射，哪些会击中地面并随后返回飞机。但这并不是问题，因为仪器采用了时差法。

第一批返回飞机的光束被称为"第一回波"（first return），假定在击中树梢和建筑物屋顶后返回，因为这些目标距离飞机最近；"最后回波"（last return）则假定来自地面，因为地面是距离激光扫描仪最远的固体目标。在空旷的田野里，第一回波和最后回波几乎是同时返回的。在茂密的森林中，只有回波中的少数"幸运儿"能够到达地面并返回；由于最后回波的发射距离更远，因此第一回波和最后回波的时间间隔会更长。

"点云"即为所有这些测量结果的汇总。如果你在电脑上打开"点云"的原始数据，将出现一张看似无穷无尽的列表，上面列有数百万或数十亿个激光反射点，以及它们的经度、纬度和海拔高度。每一行的末尾还可以添加其他数值，例如标示该点颜色的代码。当程序读取这些坐标并将其可视化时，屏幕上会出现一朵由坐标点组成的硕大"云彩"，亦即"点云"。

· ● ·

机载激光雷达可以在可想象的范围内生成最精美的考古图像。但并非所有激光雷达都适用于一切考古工作。例如，激光雷达在首次飞越巨石阵时，就未能显示其中一些标志性巨石的定位。

回到 2000 年，当时英国几乎没有考古学家听说过激光雷达。2000—2010年的十年间，英国考古学家们对激光雷达的兴趣与日俱增，以至于英格兰遗产署（现为英格兰历史建筑与古迹委员会）推出了一本书名花哨的激光雷达使用指南，即《奇妙之光：机载激光雷达在考古调查中的应用》（*The Light Fantastic: Using Airborne LiDAR in Archaeological Survey*，Crutchley 和 Crow，2010；更新版见 Crutchley 和 Crow，2018）。事实上，这本简短指南的内容绝非华而不实，其目的是消除人们对激光雷达的误解，帮助考古学家"首先确定激光雷达数据对完成研究目标的效用，然后再决定如何最高效地使用这些数据"。

该指南的第一个目标，即确定激光雷达的效用，对考古研究尤为重要。时至今日，考古学家在这方面仍无所适从：因为激光雷达数据可以免费获取，所以就会产生一种使用这些数据的冲动。在英国和其他国家，激光雷达的广泛应用要归功于由政府资助的飞行任务。这些飞行任务的目标不是考古，而是其他同期需求，例如规划。研究人员需要在使用数据前仔细考虑特定数据集的质量和覆盖范围，原因在于质量较低的数据不足以帮助识别预期的考古目标，而研究人员将会在这些数据上浪费大量的时间。

巨石阵是数据质量重要性的绝佳例证。在最早的机载激光雷达数据集里，每 2 平方米的地面上只包含 1 个数据点。如果用它来定位汽车，即使是车身较小的宝马 Mini 或大众甲壳虫，也将平均占据 4 个数据点，因此很容易被探测到。但是，如果定位目标是距离很近、大小不一的石头，就很容易漏掉一块，或者无法区分两块石头的界限。这就是当时的情况。不久后，分辨率达到每平方米有 1 个数据点的激光雷达面世，产生了更好的结果。

当 NASA 再次在考古工作中大力推广遥感技术时，其中一部分资金流向了对玛雅古城卡拉科尔的研究[2]。在 10 年前，除中美洲考古领域的专家外，世人对这座古城知之甚少。该城位于伯利兹，烟火绵延近 1600 年（约公元前 650 年至公元 950 年），随后在玛雅崩溃时遭废弃。[3]尽管该城完全被丛林覆盖，但 20 多年间考古学家戴安娜·蔡斯和阿伦·蔡斯（Diane and Arlen Chase）一直在煞费苦心地记录这座城市。这对夫妇现在就职于内华达大学拉斯维加斯分校，他们使用传统方法绘制了一幅与小型大学城规模（23 平方千米）相当的区域地图。虽然进展缓慢，但却十分出色地绘制了城市的中心地带，包括高大的纪念碑、广场和名为"铺道"（causeway）的蜿蜒通达的道路。一片片住宅点缀其间，这在该地区肆意扩张的城市中很常见。

但蔡斯夫妇清楚，城市远不止两人地图所绘的部分。城中的农业基础设施——由成千上万块梯田和其他地貌组成的田地——不仅多得难以计数，而且仿佛被封锁于厚厚的植被之下。对于人类史上那个尚未出现资本的时代和地区，这些田地极为重要：它们让多达十万人得以在此生存，也使更大范围的政治经济得以蓬勃发展。粮食即是彼时的货币。

2009 年，一架仅够搭载 1 名飞行员和 5 名乘客的双引擎赛斯纳天空大师（Cessna Skymaster）小型飞机，开始在古城上空沿着划定好的网格来回飞掠。这是一项由以休斯顿大学为中心的学术团体即国家机载激光测绘中心（National Center for Airborne Laser Mapping, NCALM）开展的工作。在历时 5 天的测绘中，他们从高空对古城进行了总计 9.5 小时的激光脉冲探测[4]，与从华盛顿特区飞往莫斯科的单程商业航班的飞行时长相同。测量飞机的飞行高度很低，仅 800 米，比商业航班的飞行高度低很多。

此次测绘得到了一朵由 42.8 亿个点组成的"点云"，以及一张没有丛林遮挡的、令人叹为观止的卡拉科尔古城快照。这一成果登上了全球各大媒体的头条。

　　仅用时不到一周，激光雷达便为我们提供了比过去 20 年徒步考察卡拉科尔多 10 倍的信息。建筑和道路的分布情况表明，在已进行飞行测绘的区域边缘之外，仍有更多有待开发的内容，因此蔡斯夫妇与 NCALM 希望记下更多的古城信息，同时进一步提高数据质量。2013 年，飞机再次飞临伯利兹上空，测绘范围在原有 200 平方千米的基础上又扩大了 1000 平方千米。这次他们将飞行高度降低至海拔 600 米，获得了 2 倍的地面回波，数据点也从每平方米 1.4 个提高到了 2.8 个。

　　卡拉科尔的故事每天都在上演。一项来自玛雅中心地区的新研究报告称，激光雷达已覆盖了 2144 平方千米的土地，使研究团队能够绘制多达 61480 个独立建筑的地图。机载激光雷达已在世界范围内得到应用，每次应用所获地形数据覆盖的土地都比一支勘测小组徒步能及的更广。

　　机载激光雷达在空中取得的成就令人赞叹。那么，不妨想象一下激光技术被用在地面上时能做到哪些事。

•　　•　　•

　　随着时间的推移，所有数字技术都变得越来越便携。20 世纪 90 年代，一位来自旧金山湾区的工程师本·凯萨拉（Ben Kacyra），一直致力于制造一种可以随身携带的激光扫描仪。以今天的标准，其团队在 1997 年完成的原型机显得异常笨重而迟钝。为了便于转移，它必须安置在一辆大众面包车上，且与每秒可发出 10 万个脉冲的现代版不同，原型机每秒只能测量 30 个点。尽管如此，它还是一次技术上的成功。几年后，凯萨拉将他的公司出售给了徕卡测量系统公司（Leica Geosystems），后者至今仍在生产世界上大部分的"地面三维激光扫描仪"（terrestrial laser scanners），亦即放置于地面上的激光雷达。

本·凯萨拉和他的妻子芭芭拉·凯萨拉（Barbara Kacyra）现在是一家旨在记录世界文化遗产的非营利机构的负责人。自 2003 年起，这家名为西雅克（CyArk）的高新技术机构开始使用地面三维激光扫描技术，以应对因自然和人为灾害所致的遗址破坏而造成的信息丢失问题。他们制作的第一批模型不仅有令人惊叹的建筑细节，黑底上点缀着鲜艳的红色或黄色点云，也极具未来感。多年以来，扫描硬件和软件在不断进步，如今的扫描仪配备了高清摄像头，可以让点云呈现出逼真的画质。

2013 年 10 月，西雅克启动了一项雄心勃勃的计划，即在未来 5 年内对 500 个地点进行数字化保护。[5] "CyArk 500" 项目可以让人学到很多经验，但我们应当首先了解帮助实现这一目标的工具。

大多数地面三维激光扫描仪都采用时差法，但与机载激光雷达有一些重要区别。激光扫描仪通常放置在三脚架顶部，通过预先编制的程序对周围环境进行扫描。激光束在缓慢进行 360° 转动的同时上下扫射，扫描仪会将扫描到的点组合起来，形成一片机器所在位置的"点云"。

"点云"囊括了机器在清晰视野内的所有表面。这意味着，除扫描仪正下方的一个小圆圈和一些激光阴影（laser shadow）外，周围布满了高密度的点。激光阴影源于激光永远无法穿过的完全实心物体的遮挡。要填补这些空白，就需要将扫描仪移动到视线不受遮挡的新位置，然后重复操作。

地面三维激光扫描的目标是建立一个无缝模型。首先，需要对待扫描的区域进行踏勘，以确定目标区域的具体面积，以及如何用最少的测站点（即将机器安装在三脚架上并启动的位置）完成扫描。要完成这项工作，没有万全之法，但测量人员知道一些需要留心的常见问题。例如，出现激光阴影的区域需要设置间隔更近的测站点，从而产生更大的重叠。许多机器都需要在扫描时找到测绘控制点（某一位置固定且坐标已知的目标），以便日后依此将各个站点的扫描结果合并为一个单独的"点云"。

在野外进行激光扫描时，除了激光阴影之外，还有一些额外的注意事项。例如，每次勘测都会产生噪声，即必须从数据中清理或过滤的点。噪声的产生是不可避免的，但可以通过一些方法使其尽可能降低。比如，扫描仪工作时，不要让人挡在前面。

尽管操作时需处处留神，但激光扫描本身还是简单快捷的。如果只是扫描简单的结构，例如建筑物或废墟的外部，可能只需要一天的时间。而对于建筑物内部和洞穴等复杂的结构，就需设置更多的扫描仪测站点，这也是移动式三维激光扫描仪越来越受考古学家青睐的原因。

移动式三维激光扫描仪将通常安装在飞机底部或三脚架顶端的所有部件缩小到适合手持或塞入背包的状态。移动式三维激光扫描仪可以在持用者四处走动，来回扫描时建立连续的"点云"，这种技术被称为 SLAM，用于同时进行定位和建模。在持用者移动时，激光雷达会发出脉冲激光，并以惊人的速度建立三维模型，速度之快甚至足以在建模过程中实时追踪持用者的相对位置。SLAM 已在无人驾驶汽车中进行了测试，用以构建车辆周围的实时图像，从而避免事故发生。与无人驾驶汽车一样，移动式三维激光扫描仪潜力巨大，但目前尝试者甚少。

激光并不是制作三维模型的唯一方法。许多极为精细的模型都是使用重叠图像的软件制作而成的，这一过程被称为摄影测量。摄影测量法使用从不同地点拍摄的照片来测量距离，"点云"则来自经过处理的距离测量值。这项技术由来已久，但在智能手机拥有高质量摄像头和处理器后才开始兴起。它是一种被动源分析技术——被动接收从物体表面反射的可见光，因此会受到相机性能、照片重叠量和环境条件的限制。就像激光制作的模型一样，有些模型根据空中拍摄的照片制作，有些则根据近地面拍摄的照片制作；有些模型使用真实的地理位置，有些则漂浮在数字空间中 [1]。

---

[1] 分别对应经典摄影测量和数字摄影测量。——译者注

为了给人力难以触及的遗址建立三维模型，通常需要使用无人机进行摄影测量。[6]目前投入使用的无人机要么是带有多个旋翼且可在高空悬停的微型直升机，要么是看起来像小型滑翔机的固定翼飞行器。在飞行时间（覆盖面积的限制因素）、稳定性和有效载荷（可搭载的传感器）等方面，两者各有优劣。

无人机专家巴勃罗·诺兰布埃纳（Pablo Norambuena）和胡安·赛恩斯（Juan Sainz）最近对整个拉帕努伊岛——更知名的称谓是"复活节岛"——进行了空中勘察。由于岛上遍布着数百座摩艾石像，拉帕努伊岛在考古学教科书封面出现的频率不亚于埃及。自然，拉帕努伊人的祖先留下的不仅仅是摩艾石像，还有房屋、田地等的石基，这些都可以在今天的地表上看到。两个人使用了一架翼展 1.5 米的固定翼无人机，它可以直线飞行 25～28 千米。由于该岛面积非常小，只有近 164 平方千米，因此无人机仅在执行了 52 次飞行任务后，就从 21840 张重叠的照片中得到了该岛的无缝全景图。

从这些固定翼无人机的数据中，我们不仅可以得到一张无缝的空中照片，还可以得到覆盖整个地表的"点云"；但是，若要详细绘制考古地图，就需要更高的分辨率。因此，另一个团队最近也使用固定翼无人机勘察了该岛的一小部分（约 19 平方千米），但拍摄的照片数与全岛调查差不多，旨在达到原本分辨率的 10 倍。

若要建立更加详细的摄影测量模型，就必须在更近的距离拍摄测量对象。例如，很多人利用重叠照片制作了大英博物馆收藏的摩艾石像的三维模型。石像名为荷亚·哈卡纳奈（Hoa Hakananai'a）[7]，身高 2.42 米，身上纹有令人惊叹的文身。但是，为了完整拍下石像背后复杂的雕刻图样，还需留意照明和观者的视角。

除此之外，拉帕努伊岛上也存有一些摩艾石像的三维模型，由游客参观时拍摄的照片生成。由于对拍摄目标的距离、光照等把控较少，因此这些模型的质量参差不齐。不过，其他地区的一些考古学家也已开始使用游客照片，借助众人的力量，为建立摄影测量模型提供原始数据。

　　不过，无论以何种方式为考古遗址创建"点云"，最耗时和最困难的部分都是后期处理。为了制作可视化效果，需要将"云"中的每个点在空间中连接起来，并进行清理以消除噪声；而在输出逼真的静态图像或渲染穿行动画（fly-through）之前，还需进一步创建数字网格[8]或为模型添加纹理。然而，即便这些步骤全部完成，所获得的模型依然只能展现目标的地表部分。所以，接下来，我们将介绍一些不同的扫描仪，它们专为深入地下而设计。

•　●　•

　　在《侏罗纪公园》第一部中，萨姆·尼尔（Sam Neill）饰演的虚构古生物学家艾伦·格兰特（Alan Grant）博士指挥研究团队工作人员用一台形似猎枪的仪器将雷达波射入地下，随后与仪器相连的电脑屏幕上清晰呈现了地下恐龙化石的细节。这个标志性的场景源自一项真实存在的技术：地球物理衍射层析成像（geophysical diffraction tomography）。该技术的先驱之一、非虚构地质学家艾伦·威滕（Alan Witten）曾使用过一把装填8号猎枪弹的地震枪，他给这把枪取名"贝茜"。其原理是：在一片区域周围放置传感器（称为检波器），再将"贝茜"垂直对准传感器中心的地面开火；发出的嘭嘭巨响将产生能量波，随后检波器将检测能量波路径受地下障碍物影响而发生偏转的情况。

　　但考古学家的常用工具中恐怕不包括地震枪。科幻作品很少能准确描绘考古地球物理学的知识。就像科幻作品中的大多数事物一样，仪器的效果同样被过度夸大了。例如，我们无法使用扫描仪获得《侏罗纪公园》中那般清晰的细节。我们不可能直接看到地下的文物。那么，地下成像的原理是什么呢？能从仪器中看到怎样的事物呢？

地下地球物理勘测旨在发现一些不寻常的东西，用科幻作品常用的术语来说就是"异常点"。在不挖掘的情况下，窥探地下状况并探测异常点有两种基本方法。一种称为被动源勘测，即仅使用传感器探测地面特性的微小变化。在考古学中，最常用的被动源勘测工具是磁强计（magnetometer）。

磁强计基本上是一种非常灵敏的金属探测器。我们都知道，指南针的指针自然地与地球磁场的南北方向保持一致，但如果在指南针附近放置一块磁铁，即便其磁性远弱于地磁场，也会产生干扰。对于这些敏感的仪器来说，干扰源可能是金属、石头或土壤中其他可以在短距离内扰乱磁场的物质。通常情况下，在勘测时会设置两个间隔约 1 米的传感器，依靠步行、拖拽和车载的方式缓慢地在勘测区域内移动。传感器的种类很多，但基本工作原理相同。

在使用磁强计勘测时，操作员必须去除身上的任何金属物品。这样，校准和操作机器的勘测人员（或他们的鞋子）就不会成为异常点的来源。当传感器阵列在一个区域内移动时，它甚至可以记录最低程度的电磁变化。与其他用于考古学的扫描仪一样，磁强计的分辨率取决于仪器的数据处理速度和移动速度，此外也会受到含铁物体（金属碎片或天然铁含量高的石头）的影响。例如，一次对英国一处埋葬 2861 名"无名病人尸体"的墓地部分区域进行的勘测显示，此地约有 200 座未发现的坟墓。实际上，这些并不是坟墓本身的位置，而是埋于地下的金属墓碑的位置。两者的区别值得重视，因为随着时间的推移，体积较小的标志物往往会由于各种原因发生移动，而且并非所有的坟墓在落成时都有墓碑。

另一种勘测手段叫主动源勘测，它自外界引入能量并观察能量在环境中的表现。例如，考古学最常用的研究方法之一——被动源磁强法，通常与电阻率法（electronic resistivity）搭配使用。电阻率之所以能作为一项勘测指标，与我们不会把烤面包机放在浴缸里的原因是一样的：水是一种很好的导体。即使土壤中的水分含量发生微小变化，也可以通过在地面上形成一个小电场测知。这种仪器的勘测结果将以电阻率或电导率的形式表征。

它的工作原理是这样的：电阻率仪的正负极分别接地，电源可以让电子从一端移动到另一端。此时，设备不需携带地震枪"贝茜"那么大的能量。事实上，有些机器只需一节 9 伏电池即可运行。

地面越潮湿，电子移动就越快；地面越干燥，电子受到的阻力越大，移动就越慢。操作员可以在一个区域内行走、拖拽或装载电阻率仪，然后就可发现那些产生作物印记的诱因，例如埋在地下的土方工程。其理论依据在于，我们之所以能看到作物印记，是因为考古遗址以某种方式改变了该地区的湿度。顺带一提，在磁强计显示有许多坟墓标记的那个墓地里，电阻率仪却显示根本没有坟墓，只是在墓地各部分间的原有路径上有一些颜色略深的斑块。

这些方法——磁强法和电阻率 / 电导率法——可被用于确定可能异常点的深度，但在更多的场合，它们往往更适合揭示事物的二维轮廓。若要详细了解某物于某区域内埋藏的深度，尤其在这些区域面积较小时，考古学家通常会使用探地雷达（ground penetrating radar）。

我们已见识过雷达的妙用：NASA 曾利用来自太空的雷达波探测到撒哈拉沙漠下巨大的干涸河床。探地雷达是一种可在地表移动的扫描仪，根据不同的设置，它可以向下数米深处发出雷达波并接收信号。[9]在上文提及的英国墓地中，探地雷达扫描显示，同一地点的异常点深度明显不同，这表明此地安葬的不止一人；人们在不同时间被埋葬在同一地点。有鉴于此，考古勘探曾被称作"四维谜题"——时间便是第四个维度。

· · ·

自然现象，例如撒哈拉沙漠下的"雷达河"，经过漫长岁月的累积，会留下最大、最古老，因此也是最明显的异常点。地质构造通常是非考古地球物理勘测的目标。例如，虽然地震勘测（seismic survey）很少为考古学家所用，但对于绘制北海海底地图以寻找石油和天然气的私营公司来说，却是必不可少的。一艘携有相关仪器的船在勘测线路上航行时会产生地震能量源，而船后的一串传感器则会探测从海底反射的能量波，从而建立海底模型。

在北海的自然资源被勘探完毕后，所获数据被分享给了一群学术考古学家，但后者对寻找沉船并不感兴趣。他们追寻的目标是一块曾连接英国和欧洲大陆的陆地，一个名叫多格兰的地方。

在近 1 万年前的中石器时代，如今英国和爱尔兰所在区域的居民生活在一块从欧洲向北大西洋突出的半岛上。在接下来的 2500 年里，中间的陆地被不断上升的海水吞没，不列颠诸岛彼此间及其与欧洲大陆由此分开——不列颠自此"脱欧"。

考古学家利用海底高程数字模型及其他数据，绘制了绵延 23000 平方千米的海底地图集。他们追踪了近 700 千米的原海岸线、1600 千米的河流和溪流以及 20 多个可能曾是湖泊的洼地。他们并没有找到人类居住过的营地，但对此也不应过分苛求，因为他们所掌握数据涵盖的总面积仅与威尔士相仿。但他们的成就在于缩小了后人的搜寻范围；这就是考古勘探的解谜之道[10]。

多年来，地球物理传感器在多方面得到了长足发展，但对考古学而言，真正的变化是对大范围地区进行快速、多器件、高分辨率勘测的发展。巨石阵隐藏地貌项目（The Stonehenge Hidden Landscapes Project, 2010−2014）将这些进展付诸考古学实践。在 120 多天的实地考察中，研究小组扫描了大片区域，绘制了 1200 座被掩埋的新石器时代和青铜时代祭祀古迹的位置图。这次勘测还提出了对已知地貌特征的新阐释。例如，有一个原本被认为是荒冢的矮丘，研究人员经过探地雷达和磁强计的联合扫描，发现它实际上是一个完全不同的东西。为了进一步探究，研究人员将另一台能够测量磁场和电导率的机器分别置于 3 处不同深度的地下（0.5 米、1.0 米和 1.8 米）——

机器被设定成在此深度下获得最理想的图像，并对该地貌进行了扫描。通过联合扫描，研究小组将该土墩重新归类为"小型巨石阵"，即"类巨石阵遗迹"。这个迷你版巨石阵位于巨石阵西北约 800 米处，其坑洞界定了一块封闭区域，而不是一道连续的环形沟壑，内部很可能有坑洞和墓葬。值得注意的是，在扫描之前，它一直"隐藏"在众人眼皮底下。

最后，如何判断考古勘探结果的可靠性？寻找不同地球物理仪器观测结果间的一致性，例如类巨石阵遗迹的磁性和导电性，是衡量可信度的手段之一；但直接观察，即直接展开某种发掘工作，依然是最有效的方法。英国和爱尔兰每年都会进行数百次考古地球物理勘测，探测到不同时期的地貌特征，因而这方面的数据最多。回顾爱尔兰过去 10 年间的道路遗迹勘测数据，其最大的优势在于大部分区域在经扫描后都得到了机械挖掘，剥离了表层土壤，从而使我们能够核验勘测结果。[11]斯莱戈理工学院的詹姆斯·邦赛尔（James Bonsall）及其同事认为，有几个因素是提升可靠性的关键：勘测目标的选择、基土地质、扫描仪器的分辨率，以及考古学家对可视化数据的处理和阅读。例如，上文所述的土方工程，几乎在任何条件下都有很大概率被发现；但在爱尔兰的勘测地点，即使在最好的条件下，也难以看到诸如柱坑（posthole）这类小型地貌。

当地球物理勘测表明某地有埋藏的地物（features），但在挖掘时却没有发现任何东西时，大多数时候都会归结为信号出现了伪报。这种情况经常发生。然而，在某些罕见的情况下，地球物理勘测也可能为我们找到一些肉眼看不到，但仍可通过土壤特性探测到的东西，即所谓的"幽灵地物"。这就是在权衡手头证据时依然仰仗人类推理能力的众多原因之一，也是我们不太可能被机器完全取代的原因之一。

•　●　•

　　扫描仪的问世是考古学发展史上的一件大事，因为它改变了我们观察事物的方式。我们可以看穿丛林，而无须将其砍伐；我们可以瞻览遗址三维模型，而无须亲临现场，而且可以反复重温。在某种程度上，我们甚至无须挖掘就能看到地下。观察是重要的，因为它既是获取关于过去的新知识的第一步，也是保护那些在熵的力量中得以幸存的知识的必要条件。

　　一些为考古学所用的技术，如地球物理勘测，可能仍属于专业领域。但另一些技术，如用摄影测量法制作三维模型，所涉及的技术已经非常普及。据估计，在未来几年内，全世界的相机总数将超过 450 亿台。不同技术的融合，如无人机激光雷达，将为我们带来难以置信的成果。令人惊讶的是，当今世界上有数百万人从出生起就接触这些神奇的技术，对他们来说，没有这些技术是难以想象的时代。与我这种身为"数字移民"的成年人不同，他们有时被称为"数字原住民"[12]。在下一章中，我将简要介绍考古数据从世界的简单摹本迈向"生而数字化"[13]的过程，讲述关于它的一小部分故事。

— 第五章 —
数字世界

如果我只能给时间旅行者一条建议，那必然是：不能依靠已有的旧地图在过去导航。原因就在这里。

有一些极其古老的艺术品——刻在骨头上的雕刻和上一个冰河时代的洞穴壁画——可能是当时的地图，但我们无法肯定。考虑到当时的情况，这完全可以理解。例如，如果传统的航海技术和知识没有传承至今，太平洋地区的航海家几个世纪以来一直使用的木棍海图就很难被归类为艺术品或地图。因此，一开始，这种模糊性就使得大部分人类历史无从确证。多亏有你，等终性。

大约 5000 年前，中东地区首先发明了文字，而留存的泥板上有很多像地图一样的图像，这足以使人相信，我们所熟知的地图就是在同一时期或之后不久发明的。此后数千年内，地图在其绘制的地理范围上有所扩大，但仍然基于"地球是平的"这一假设。事实上，超过 500 年前的历史地图极少被保存下来。因此，即使当年有过很多伟大的地图，现在也已不复存在了。"多亏"有你，熵力。

现存的大多数古地图都是在哥伦布发现新大陆后的几个世纪里，由西方探险家和测绘师绘制的。它们因其不完美而颇具魅力，海岸线看起来大体准确，但又不完全准确，还留有大片有待冒险家征服的空白。有许多人致力于将这些地图进行数字化处理的尝试，其中包括《戴维·拉姆齐历史地图集》（*David Rumsey Historical Map Collection*），该地图集目前拥有数百张地图，其上标有真实世界坐标，可在谷歌地球上查看。我尤其喜欢那些看上去像超大号古董地球仪的地图，这种地球仪会在赤道处嵌有一座小型"吧台"。

这些古老的西方地图，有许多本身就是历史文献，甚至是艺术作品，但它们在重述历史时却存在很大的问题。问题不在于绘制地图的人粗心大意或技艺不精，而是他们太擅长只绘制自己想看到的东西——往往是一片被抹去了原住民及其历史的土地。

说这些历史地图不客观是一回事，而从不同的视角看人们安其所习的地区地图则是另一回事。一个名为"解殖民化地图集"的在线项目即以此为目标。它秉持的前提是："地图的导向、投影方式、政治边界的存在、哪些地物会被绘入或排除以及标注地图的语言，都会受到地图绘制者偏见的影响——无论是否有意为之。"该网站上目前有一些我十分喜欢的地图，展示了没有现代政治边界的北美地区，地名则使用美洲原住民的语言。要注意，对于未来的时间旅行者们来说，了解当地人对河流和山脉等地标的称呼，比了解自己在相对于近代才划定的边界中的位置更有用。

上述两个案例——将历史地图与现代数字地球进行叠印的尝试，以及向观众展示历史地图中殖民偏见的尝试——本质都是试图基于同一套地理空间技术去创建一个与现实世界对比鲜明的新世界。纵观整个人类历史，我不知道这些新技术是否会使我们重拾自纸质地图出现以来就已逐渐淡去的，在地图绘制上的创造力。想想智能手机上的电子地图所提供的操作选项——放大和缩小、文本搜索、在地图和卫星影像之间切换等——纸质地图从未有过这些功能。我们甚至有能力在现实世界之上创建新的层面，并通过增强现实技术与之互动。因此，如今人们制作的不止是地图，更是一个数字世界。

在本章，我们将探讨考古学家制作数字版古代世界的方法。纸质地图一直以来都是考古学的好帮手，时至今日仍属于考古学家的重要工具，但我们已经能够利用 GIS、GPS 和全新的超高分辨率卫星影像等技术做到更多。我们将看到，合理利用这些地理空间技术将会成为考古学家最艰难的挑战之一。这需要根据少量且不完整的信息作出大量决策，还需要在本非为考古学打造的计算机框架内工作。我们将介绍考古学家为使这些先进技术适应研究目的而构思的数种巧妙的技术解决方案，例如通过增强地理形貌的微小变化使遗址更清晰可辨，或是开发教导机器寻找遗址的算法。

如今，在遗址保护方面，正确处理位置信息的重要性不言而喻。例如，几年前，我有幸为夏威夷群岛一座令人难以置信的建筑绘制地图。该建筑基本保存完好，与历史上某一著名事件有关，但其位置却不为大众所知。在夏威夷这样一个每年有数百万游客往来的地方，即使游客再小心谨慎，蜂拥而至的无序人流也难免会对它造成破坏，因此对遗址位置进行模糊处理是合乎情理的。这个特定地点得到了当地社区和考古学家的积极保护，但我们不能指望次次都有这番好运。对许多社区来说，展示遗址是倡导遗址保护的必要前提。例如，中东地区存在一个现实问题：文物因古董交易而遭劫掠。国际社会努力展示考古遗址及其遭劫的惨状，这是增强人们对遗迹保护的认识与阻止进一步破坏的有效途径。这就是我们一直面临的两难抉择：既要避免保存程度尚完好的遗址吸引过多不必要的关注，又要向公众表明，考古遗址固然珍贵，但并不罕见；它们无处不在，又需受到保护。

• ● •

若你初次接触这个主题，那么有几件关于在考古学中使用地理信息系统的事值得强调。首先，最好将其视为计算机科学一个高度专业化的分支。如此，该领域的专家既希望看到它在考古研究中大放异彩，又希望看到它在技术意义上发挥得当。本书仅为此作简要介绍，若需更深入地了解这一领域，强烈推荐阅读两部专著：一本由南安普顿大学的戴维·惠特利（David Wheatley）和莱斯特大学的马克·基林斯合著，另一本由诺丁汉特伦特大学的詹姆斯·康诺利（James Conolly）和伦敦大学学院的马克·莱克（Mark Lake）合著。严格来说，两本书都不是手册或技术指南，而更像是最佳实践指南，可为了解这项技术在大肆炒作下的本来面貌以及学习现有工具的使用方法提供莫大帮助[1]。

要了解 GIS 背后的基本原理，首先要考虑创建 GIS 数据库的过程。例如，GIS 软件的程序以数据模型为操作对象，后者是对真实世界方式各异的简化。现在，地面上可见的考古成果可以用一个点来表示，也可以用一个多边形来表示；多边形可以勾勒出建筑地基的痕迹，也可以是文物散布的范围。点、线和多边形统称为矢量数据，与之相对的是另一种基本数据模型：栅格数据。像照片一样，栅格数据将信息存储在像素网格中。像素的大小在数据集里处处统一，并定义了数据集的分辨率。栅格中的数值类型取决于所表示的内容，它们可以是二进制（binary）（存在、不存在）、定序尺度分类（ordinal scale classification）（1、2、3）或连续型变量（continuous variable）（1.2、1.3、1.4）。

由于结构简单，且从该技术诞生之初就一直沿用至今，因此称呼矢量和栅格数据模型为"原始 GIS 数据"是非常恰当的。它们可以同时出现在界面中，但每层数据必须是单一类型（即同一层可以含有点或多边形，但不能同时包含点和多边形）。此外，它们还有一些其他特性，使彼此得以区分。矢量数据会列入一张电子表格，其中每个对象（每个点、线或多边形）都有相应的行，列则代表各自对应的定量和定性信息，亦即"属性"。GPS 的数据记录仪通常以矢量格式收集数据，而遥感数据（如卫星影像）主要采用栅格格式。

至于世界的第三个维度，即高程，通常是人称数字高程模型（DEM）的栅格数据中的主变量，或者是矢量数据表中的变量之一。从这个意义上说，GIS 的维度不止两个，但也并非真正的三维：这种模式有时也被称为 2.5 维。虽然计算机辅助设计（CAD）早已解决了三维显示的问题，有许多独立的程序可以用来在三维空间内查看和操作"点云"，但此时它们并不存在于真正的地理空间中，也不具备空间统计或存储丰富的数据库的能力。多年来，原生三维数据集 (natively three-dimensional datasets) 在考古学中的应用越来越广泛，特别是"点云"。所幸 GIS 开发人员正不断改进对第三个维度的处理能力。不过，通常而言，三维处理能力依然是 GIS 的薄弱环节。

令人沮丧的是，多年以来，将时间整合到 GIS 中的尝试几乎没有取得任何进展。[2]诚然，从软件的角度，数据自带的时间戳可以表明数据的创建时间或更新时间。但从考古学家的角度看，二者都远不及寻获时间（即发现某物的时间）或建筑物、沉积物及文物所属的年代重要。另外，囿于系统设计，GIS 在计算或显示某些数据时表现欠佳——例如持续时间，某物随时间的变化，或大量考古工作中伴随的概率误差范围。对此，有一些创造性的变通手段，例如以视频短片的形式展示考古现象的分布状态随时间的变化情况[3]。

考古 GIS 数据库中的时间问题本就存在。为了使用 GIS，我们不得不将数据分层。分层后的数据乍看之下会让人觉得所有事物都是在同一时间创造、使用、废弃或寻获的。[4]然而现实是，仅来自某一个时期的建筑或沉积物是一种偶然情况，并非常态。大多数地点都埋有不同时期的考古沉积物。此外，知道某样东西被发现的确切地点，但无法确定其确切年代，也是很常见的。

数据模型带来的限制使一些人对 GIS 抱有极其负面的看法。在他们看来，地理信息系统是一种"缺乏智慧活力的技术，过度依赖对剥去了'人'的人造空间中空间模式重要性的肤浅预设"。换句话说，地理信息系统太过乏味、愚蠢而虚假，对重建过去毫无用处。

这种观点的问题在于：我们用计算机做的几乎任何事都可以套用它。计算机必须从简单的预设和抽象的数据模型开始，然后才能扩展到复杂的现实世界问题；使用计算机的目的是从无序中找到有序。正因如此，计算机工作需要大量人力参与。仅仅向它们提供所有数据，然后寄希望于它们能提供有用的信息，有违计算机的"输入垃圾，得到垃圾"（GIGO: garbage in, garbage out）法则。不过，认为 GIS 是适合所有工作的万能工具也是不现实的。那么，考古学家们究竟依靠什么得到良好的位置数据和信息呢？

·　●　·

让我们从当今的在线 GIS 数据库开始，它为我们提供了分享和展示现有资料的渠道。全面梳理考古学家及其他学者的做法并非易事。尽管如此，我还是对考古学家可能寻找更大数据库的地方进行了调查，以下是我的发现。

目前一些最大的考古数据集存在于位置索引（locational indices）和数字地图集（digital atlases）中。位置索引类似于谷歌地图，用于显示信息、搜索，以及回答简单的空间查询问题，例如：该研究区域有多少个地点已经被记录？数字地图集更像谷歌地球，用于搜索特定的时间和地点。一般来说，二者都属于点图层，其中每个点代表一处记录在案的考古地点。

有些地图集是数字人文合作项目的成果。例如，Pleiades 是一个包含地中海周边 3.6 万个点的"由社区构建的古代地点索引和图录"。这个众包的数据集包括考古遗址和地名等内容，对建立古典文本与现实世界的映射具有重要意义。

其他地图集则侧重于某一特定时期的某类考古工作。例如,由朗伍德大学的沃尔特·R. T. 威特希(Walter R. T. Witschey)和佛罗里达大西洋大学的克利福德·T. 布朗(Clifford T. Brown)制作的《古玛雅遗址电子图集》是一个点数据库(point database),重点关注玛雅聚居地。它可以在谷歌地球上查看,也可作为一个图层导入一套包含 6000 个带有已知地名和聚居地规模排序分类的地理信息系统中(例如,1 级表示聚居地规模最大,5 级表示聚居地规模最小)。

位置索引往往对所有有考古记录的地点进行编目,而不论其年代或类型如何。例如,"北美考古数字索引"(Digital Index of North American Archaeology, DINAA)收录了北美所有时期、所有类型考古遗址共 75 万多条记录,因此成为"了解整个北美人类聚居地独特而全面的窗口"。该项目始于 2012 年,由戴维·G. 安德森(田纳西大学诺克斯维尔分校)、乔舒亚·威尔斯(Joshua Wells,印第安纳大学南本德分校)、史蒂芬·耶尔卡(Stephen Yerka,田纳西大学诺克斯维尔分校)、埃里克·康萨(Eric Kansa)和萨拉·惠切尔·康萨(Sarah Whitcher Kansa, Open Context 项目核心人员)领导,目前已囊括了美国东南部大部分地区、中西部部分地区和加利福尼亚州的数据。[5]有许多机构提供了记录,其中最多的记录来自州层面的政府机构。新录入的数据记录将按照发现内容和所属时期归类,使用户能够以前所未有的方式查看考古遗址的分布情况。

当 DINAA 最终完成北美洲全部数据的收录时,它将拥有多少条记录呢?这很难说,但总数将以百万计。[6]我提出这一预想的原因之一来自对这一地区的放射性碳定年分布数据的观察。加拿大考古放射性碳数据库(Canadian Archaeological Radiocarbon Database, CARD)是全世界放射性碳定年研究成果的交流中心,其发起者是加拿大历史博物馆的迪克·莫兰(Dick Morlan),目前由不列颠哥伦比亚大学的安德鲁·马丁代尔(Andrew

Martindale）管理。这是一项考古学家们群策群力的工作，虽然无法完整记录每一个结果，但它显示了考古研究的规模。

大陆规模的 GIS 数据库是解决重大问题（如评估气候变化对沿海考古遗址的影响）所必需的。在 DINAA 数据库的辅助下，研究人员定位了美国东南部数以千计的考古遗址，这些遗址预计将在不久的将来被海水淹没，而这些仅是我们所知道的那部分。在苏格兰，GIS 正被用于号召公众保护、抢救和记录因暴露在外而被海水淹没的考古遗址。GIS 还被用作一种协作工具，旨在倡导原住民群体保护其土地上的遗址。

在创建位置索引的同时，许多考古 GIS 数据正在网上共享和归档。其中大部分是针对特定项目的数据，例如美洲古印第安数据库（Paleoindian Database of the Americas, PIDBA），该数据库收录了来自约 6000 个地点的 3 万多件早期石器文物。

还有一些用作存储的数据库，如英国的考古数据服务（Archaeology Data Service, ADS）和美国的数字考古记录（the Digital Archaeological Record, tDAR）。ADS 已运营了很多年，和 tDAR 一样，它对各种数字记录来者不拒。[7]这些存储库将在未来发挥越来越大的作用，因为考古学如今正转向对现有数据集的循环利用（这并不像许多人想象的那样普遍），以及提升数据的长期可访问性。

某些考古遗址的位置附近可能涉及机密，在美国尤其如此。[8]基于网络的 GIS 都配有相应的安全协议，以防位置信息泄露而招致盗窃。有些系统会限制公共用户在地图上的放大倍数。还有一些，如 DINAA，把数据记录堆放在多边形区域中，以掩盖其精确位置。美国联邦土地上的考古位置数据无法在掌握这些数据的政府机构之外获取，因为已知考古遗址的位置属于《信息自由法》的罕见例外情形。在这些地点的维护资金不断遭到削减，受保护的土地面积也在减少的今天，这是一件好事。曾有几起备受瞩目的泄密事件——在联邦报告中，数千个考古站点的位置被意外披露到网上，但总体而言为数不多。通常而言，州政府和联邦政府聘用的考古学家在保护遗址方面恪尽职守。

中东和北非濒危考古项目（Endangered Archaeology in the Middle East and North Africa, EAMENA）则选择了一条不同的道路。该项目网站的大部分内容都围绕着这一理念而设计：只有引起人们对考古学的关注，才能让人们了解过去，从而提醒公众关注劫掠、自然灾害和开发建设活动对考古遗址的破坏。这一设计思想在一定程度上解释了为什么 EAMENA 网站的内容看上去更加全面，而且提供了各个考古地点的详细信息和地图。粗看之下，浏览 EAMENA 的用户可能会认为中东到处都是遗址，而美国中部（如 DINAA 显示的那样）却寥寥无几。实际上，情况并非如此。

由于有必要对某些考古发现的位置信息加以保护，因此公众无法接触到我们所创造数字世界的全部。这也是我认为有必要介绍我们在创建和维护良好的 GIS 数据库上业已取得的成就的原因，即使这些数据仍处于不公开状态。接下来，我将继续介绍这些已经取得的成就，以及它们如何改变了考古学家的工作方式。

· ● ·

有一项地理空间技术从根本上改变了考古学家的实地考察方式：全球定位系统。在"模拟"时代，野外勘测需要花费大量的时间和精力在纸质地图上定位考古发现，并将其绘制下来。GPS 大大提高了这种工作的效率，这意味着记录的数量可以更多，记录的速度可以更快，覆盖的区域也可以更广。此外，GPS 还能让考古学家更高效地开展累积性工作，因为它使得数据分享更加便捷，使得人们更容易找到已被记录的地点。在许多时候，这些实地考察工作的微小变化可以造就更大、更完整的数据集，从而让我们能够将注意力投向更宏大的考古学问题。

既然我们已经可以轻易实时追踪所发现事物的地理位置，我们便正朝着全数字化实地勘测的方向迈进了一步。如今的 GPS 可通过实时动态技术（real-time kinematic, RTK）达到厘米级精度。"动态"（Kinematic）指利用几何学确定位置所涉及的数学运算。数十年前，动态 GPS 的价格极其昂贵，属于专业测量领域的工具。如今，该技术的成本已大幅降低，而且可以与其他设备——如平板电脑——相连接，也可以连接到无人机上，使其按照预先编制的航线飞行。换句话说，只要能获得良好的卫星信号，就能确切知道发现物的准确位置。

高精度 GPS 使我们能够将两种典型的实地记录——调查区域地图和站点地图——整合到同一个 GIS 数据库中。GPS 以矢量格式记录位置，因此可以为特定点、线或区域附加几乎无限量的信息。这些信息可用在下游产品中，例如表示发现密度的栅格图像，或用于不同尺度下报告的静态地图。

勘测方式的改变不局限于为可见的遗址表面绘制地图。如今，只需将历史地图、航空图像、地球物理勘测和实地勘测的数据汇集在一起，就能以一种此前只能通过挖掘才能做到的方式触碰考察地的历史。这意味着，考古实地考察的基本单位正从几平方米转向公顷和平方千米。

有些考古学家推崇一种全面的"整体考古"方法，将高科技和传统勘测方式相结合，丰富大型 GIS 数据库的库藏。他们认为，采用的方法越多，在一个地区发现的地物越多，在开发之前进行抢救性考古的必要性也就越小。这就是先进技术对考古保护的实际好处。更大的益处则是知识层面上的：我们可以就过去生活于考古学家经常考察的地方之外的居民的生活提问，并得到解答。例如，在意大利，考古学家历来热衷于发掘城市中心——这是可以理解的，因为这些地方过去曾是成千上万人的家园，而其中大多数人的生活并未出现于文字记录中。此时，人们很容易认为城市之间的地方空空如也，因为这些地方往往没有得到足够的考证。如今，在技术的帮助下，这种情况正在发生改变，我们对过去住在农村地区居民的生活有了越来越多的了解。

随着地理空间数据变得越来越丰富，遗址之间的界限逐渐淡化，变成了一个由独立地物和文物组成的连续体。这是因为它们的地理位置储存于 GIS 数据库中，所以"生而数字化"——这是无遗址考古调查一直以来的梦想。出于实际原因，我们仍然会创建遗址目录，以整理我们所发现的资料，从而管理获得的数据。但在未来，我们可能会像现在谈论考古遗址一样频繁谈论地物和文物的分布情况。

如果以上的叙述让这一切举措都显得轻而易举，那么实际情况并非如此。现代勘测存在着一系列的技术障碍。事实上，是大量的障碍。[9]接下来，我们将讨论如何利用计算机，充分消化从实地考察和遥感中获得的信息，进而更好地描绘古迹的分布情况。

·　●　·

20 世纪 90 年代，影像和高程数据便已基本实现了全球覆盖，但利用这些数据开展考古工作并不现实——因为分辨率太低。因此，在相当长的一段时间内，卫星影像仍无法替代已被证明有用的航拍照片。[10]即使到了 2004 年谷歌地球问世时，卫星影像也才刚随其高分辨率（very high-resolution）卫星影像（这确实是专业术语）的出现而具备基本的实用性。

超高分辨率的标准一直缺乏明确的指标，但一般来说，其像素点在地面上的尺寸约为 1 米或更小。[11]对这种影像的需求通常要求助于像麦克萨（Maxar，前身为 DigitalGlobe）这样的私营公司，其 WorldView、QuickBird 和 GeoEye 卫星可提供分辨率达 25 厘米的图像。这些卫星无法让人在太空中阅读地面上的报纸，但它们对考古学的作用比陆地卫星更大。

与此同时，图像质量越来越好，全球数字高程模型（DEM）的细致程度和覆盖范围也有所改善。航天飞机雷达地形测绘任务（Shuttle Radar Topography Mission, SRTM）覆盖了高达 80% 的地球表面，且具有 90 米的分辨率。2009 年，新一代模块——高级星载热辐射和反射辐射计（Advanced Spaceborne Thermal Emission and Reflection Radiometer, ASTER）将分辨率提高到了 30 米，覆盖率也达到了地表的 99%。虽然不如机载激光雷达好，但其覆盖范围令人叹为观止，且分辨率也在逐步提高。例如，德国的新一代 X 频段陆地合成孔径雷达卫星（TXS-NG）能够生成空间分辨率达 25 厘米的高程模型。

随着技术的进步，谷歌地球增加了越来越多的细节和功能，使得虚拟地球更加逼真。例如，在首次发布数年后，谷歌公司为其增加了海底测深功能。[12]但令人印象最深刻的变化可能是地球表面三维拟真模型的加入。为此，谷歌公司安排了装有多台摄像机的飞机飞越城市上空，以在虚拟地球内为其建立具有地理参照的摄影测量模型。

虚拟地球的拟真化是大势所趋。然而，真正的挑战在于如何利用这些更丰富的遥感数据制作规模更大、细节更详尽的考古定位数据集。为此，考古学家的工作必须与自动化接轨。

· · ·

在实地勘测中，我们依靠肉眼观察地貌形状的变化，以此作为寻找考古遗址的线索。而将地表模型即 DEM 转化为某种能够揭示考古遗迹位置的东西，则是另一类任务。为此，考古学家们开发了一系列数字工具，使考古地物从研究区域的自然轮廓中凸显出来。

山体阴影功能是使考古遗迹凸显出来的不二之选。数字高程模型可使用高程来计算模型中各处的坡度方向，也就是所谓的坡向（aspect）。因此，将虚拟日光置于山丘模型的西北方向时，山丘的东南侧就会较暗；当日光绕到西北方向对面时，山丘的东南侧就会逐渐变亮。

由于这是一个数字世界，因此没有理由只能有一个太阳。如同为摄影对象进行两个方向的打光一样，DEM 也可以添加另一个来自其他方位的光源，使模型中的阴影产生变化。这就是多向山体阴影功能，它是一些更美观的数字地形图的"幕后功臣"，因为它能捕捉地貌的最佳观赏形态，同时展现惟妙惟肖的考古遗址。

兹加·科卡利（Žiga Kokalj）与来自塞尔维亚人类学与空间研究所的遥感专家开发了一款实用的软件，名为 Relief Visualization Toolbox。顾名思义，只要将 DEM 导入该软件，它就会通过一系列算法来凸显地形起伏，包括山体阴影和多向山体阴影功能。这样做的目的是，既然无法确定哪一张处理后的数字图像可以得到理想的凸显结果，那么为何不把所有的数字图像都用上呢？

在利用 DEM 生成图像时，多向山体阴影功能只是所用的众多工具之一，甚至还不是最奇怪的工具。有鉴于此，下面将介绍所用的部分数字工具。

我最喜欢的工具之一是天空视域因子。它的原理不难理解——即便在晴朗的天气里，在室外以 360° 拍摄天空全景时，实际上也不太可能拍下整个天空。如果在田野中央拍摄，由于远处有树木或山丘，天空占据照片的比例可能达到 90%；但如果拍摄地点是田野中的一栋建筑旁，那么天空所占比例可能只有 45%；而当摄影师爬上那栋建筑的屋顶，天空的占比又将回到 90%。当使用天空视域因子时，建筑物的轮廓会以低值的形式清晰地显示出来。许多人会使用天空视域因子及其他地形增强技术，对他们认为可能存在考古遗迹的地方展开搜寻。

另一种建立 GIS 数据库的方法是对已有考古发现的地点进行观察记录，并利用这些地点来预测哪里可能会有更多的考古发现。[13]这项复杂精细度与日俱增的方法被称为遗址定位建模（site locational modeling）或遗址预测建模（site predictive modeling），其中一些程序还使用了人工智能（AI）辅助，特别是机器学习和自动特征识别。

机器学习是教计算机在无须人为更新数据的前提下更好地掌握某项技能的过程。作为对人类学习方式的模仿，机器学习也具有层次性：最开始只学习做事物间的基本区别，然后再逐渐掌握更精细的区分。在考古学中，机器学习十分适合生成包含个别热点的图像，其中存在考古特征的可能性较高。只要有合适的工具，人类也可以手动做到这一点，但自动化方法的可复制性和规模是人力所无法企及的。

另一项与之相关的独特人工智能分支被称为自动特征识别，与照片中的面部识别并无太大区别，本质都是通过编程的算法对图像中的事物进行识别和分类。这种人工智能需要建立一个训练数据集——一个包含特定已知考古遗址位置的数据集——然后才能让它发挥作用。除此之外，还需要建立一个验证集——同样包含一系列特定已知考古遗址的位置，但其数据并不在训练集中——用于检验人工智能的训练成果。

诸如此类的自动特征提取往往能在较窄的参数范围内取得较好的效果。例如，如果搜寻目标符合某种自然界中甚为罕见的特定形状模板，自动特征提取就会派上用场；但如果考古发现形态各异，那么在这方面还是人类更胜一筹。当前的研究趋势是对人工提取进行改善，并尽可能推进对自动提取方案的研究。有些人对同一研究区域应用了不同的人工智能程序，结果表明，即使所用的人工智能程序之间并不完全一致，它们也能得到相近的特征密度：热点区域所藏颇丰，而冷门区域则鲜有值得关注的事物。还有一些学者则在研究如何基于地理信息系统中使用的两种数据模型（栅格和矢量），开发一套半自动化研究方法。

考古学也吸纳了其他领域已经开发出的一些人工智能研究方法。一个较为流行的软件是 MaxEnt，即"最大熵"（maximum entropy）的缩写。数以千计的生物学家使用 MaxEnt 计算物种的空间分布。[14]它在可获得的实地数据类型与栖息地的多种连续环境因子之间取得了理想的平衡。

举例来说，如果要找到一种珍稀鸟类的栖息地范围，以便对该物种进行保护，那么被报告为"发现鸟类"的点只表明其中某只鸟曾经出现过的位置。然而，如果将点位置数据输入 MaxEnt，它就会将观测结果与非地理统计空间（nongeographic statistical space）中的十几个环境因子进行比较，然后选择最合适的加权变量组合。单凭这一项，就能找出哪些变量最适合预测鸟类的地理分布。但软件的作用远不止于此：它还能将模型转化为地理信息数据，以栅格分布图的形式显示发现鸟类的概率。在接下来的章节中，我们将看到考古学家们如何使用该软件，根据已知地物的分布预测考古遗址的位置。

考古学家之所以尚未也很可能永远不会将工作完全交给机器，原因有很多。无论选择人力还是机器，在很大程度上都取决于项目的规模、对数据集详细程度的预期，以及如何定义"成功"。人工手段与计算机手段的成功率差异很大，因此提前预测哪一个的结果更优几乎是不可能的。

• • •

有个名为"开放街道地图"（Open Street Maps）的网站，本质上是个众包版（crowdsourced）的谷歌地图，将为难民营或自然灾害受灾范围等绘制地图的工作远程分配给了成百上千的志愿者，因此在绘制灾情地图任务中非常有用。在考古学中，一些备受瞩目的众包案例，如灾情地图绘制，要归功于愿意从事重复性地图绘制任务的公众科学家（citizen scientists）。

近十年前，时任加利福尼亚大学圣地亚哥分校的工程师林宇民开始号召成千上万的公民科学家在网上对蒙古国的高分辨率影像进行分类，以寻找成吉思汗的陵墓。表面上，寻找一位《比尔和泰德历险记》中出现的历史人物的陵墓听起来很像某种寻宝故事。但是，这个项目具有技术上的创新性，让我们从中学到了很多关于考古学中遥感和公众科学（citizen science）的知识。

蒙古可汗谷的搜索区域很大，面积大约是塞米蒂国家公园的 2 倍。据林博士估计，在屏幕上以原始分辨率（0.5 米分辨率，GeoEye）观察卫星图像，需要观看多达 2 万屏的非重叠照片。因此，他寻求志愿者们的帮助，对自己所看到的图像进行分类。他们可以将自然地貌（如河流）归为一类，将人造事物（如现代道路和建筑）归为另一类，将看起来像是某种废墟的异常事物归为第三类。

要以如此群策群力的手段扩大遥感规模，有一些基本问题亟待解决。大多进行分类的志愿者没有经过培训，因此产生了无效数据。如预料中的那样，大部分编辑工作是在媒体对该项目大量报道之后进行的，因此志愿者登录的时间也不一致；林和同事们实际上记录了这一现象。还有人担心，志愿者队伍中有人彼此合作——听起来并无害处，但却难免破坏每次观察的独立性。而且，由于面向整个互联网，有人还担心这项工作会遭到居心叵测之徒的破坏，或被妄图使用这些数据寻找并盗劫考古遗址的人利用。

团队针对这些问题制订了一些简单的解决方案，并分别进行了测试。为了激励志愿者们继续工作，网站界面加入了游戏元素，使得志愿者在工作过程中能够"升级"。一些志愿者被给予同行反馈，而另一些志愿者则单打独斗，前者的分类质量略胜一筹——虽然同样是意料之中的结果，但如今得到了数据支持。为了应对多人合作难题、恶意破坏和其他不良行为导致的麻烦，图像被切割成超过 84000 块半重叠的板块，隐去了地理坐标，并以随机顺序呈现。为解决数据中的所有干扰信息，即大量不相关或不正确的数据，我们根据数千个标签的内插（内核密度）创造了一种共识地图（consensus map）。

他们发现了什么？不是很多。在这片广袤的土地上，只有 55 个考古遗址破土而出。好消息是，共识热点的误报率相当低。而且，由于分类者是人类，因此发现了很多不同时期不同类型的考古遗址，而这正是人工智能并不擅长的。坏消息是，总体准确率非常糟糕，而且劳动付出与发现不成比例。项目结束时，1 万名用户共登记了 3 万小时的工作时长。倘若这些工作由一个人完成，那么他或她将昼夜不休地连续工作 3 年以上，而找到一个可能的考古遗址的频率却大致为每月 1 次。付出与回报的比例实在是惨不忍睹。[15]

在扩大工作规模时，维持工作质量的解决方案之一是对雇佣人员展开培训，以使他们能够在遥感数据中识别考古遗址。现就职于达特茅斯学院的杰西·卡萨纳雇用了一个由 4 名兼职员工组成的小组，在中东地区进行搜索。他们的研究区域比可汗谷大得多，分辨率也更低。图像被分割成大约 3000 个单独的场景，依据自行设定的概率等级进行分类。当发现疑似聚居地、防御工事或其他考古遗址时，可将其归类为"确定有"、"很可能有"或"可能有"。

与蒙古国相比，中东有着更丰富的遥感目标。在几周的时间内，研究小组确定了 14000 个看起来在 20 世纪 60 年代曾有过考古活动的地点，平均每幅图像上有 4～5 个。虽然结果的质量还需详细评估，但密度分布与以前在该地区调查发现的结论大体一致。当然，这些工作仅能用于确定考古遗址的存在与否，在实际绘制地图时，结果则更为复杂。

例如，在非洲南部，考古学家卡里姆·萨德尔（Karim Sadr）发现，利用遥感技术绘制的详细地图呈现了某些令人困惑的结果。萨德尔希望绘制铁器时代牧民在 8000 平方千米范围内建造的石墙畜栏。与中东一样，非洲南部的遥感目标也十分丰富，在谷歌地球上可以看到 7000 多个类似的畜栏。它们的大小和形状千差万别，可能与这一地区的放牧历史有关。

萨德尔将研究重复了两次，一次与学生合作，另一次与一家从事遥感勘测的私营公司合作。在区域层级上，编码员间信度（intercoder reliability）表现良好；但是，单个地物的绘制犹如一团乱麻。在对同一处畜栏的绘制结果进行比对时，彼此间的差异大到令人无法接受。换句话说，萨德尔发现，至少在这种情况下，人们能够在某一区域内始终如一地搜寻考古遗址，却不善于始终如一地绘制地图。这并不意味着我们必须在遥感中弃用人力，而说明我们必须深刻了解现今获得的大量地理空间数据的局限性。

随着考古学家开发出更多更好的遥感工作流程，我们很可能会对各种工作方法和结果进行评估，以确定其生成不同类型位置数据和信息的能力。在上述许多例子中，所用的技术在获取位置数据的一个方面表现出色：探测考古遗址的存在。它们回答了以下问题：它在哪里？但是，正如我们所看到的，人或机器可能在某项任务中表现突出，但在其他任务中表现很差。绘制地图等任务所涉及的是位置信息，亦即这样一个问题的答案：该地点究竟有什么？在将数据绘制成图后，下一步自然是对其进行解释：当时人们在这里做什么？在前述问题均得到解答后，我们才能讨论位置证据：我们在这里的发现意味着什么？

在本章中，我们探讨了考古学家如何绘制地图，或者说如何创建古代世界的数字版本。事实上，某些位置信息确实不为公众所知，再加上考古学家工作的技术性质，使得研究成果并不总能与公众分享。那么，考古学家们向来是如何处理这些信息的呢？由于地理空间技术的进步，现在我们在哪些方面可以做得更好？在接下来的几章中，我们将介绍有关我们祖先的迁徙和流动性、喂饱自己的手段以及他们创造的社会形态的研究。我们试图通过全览那些历经数个世纪甚至成百上千年的长期历史进程来了解这些主题，而这些历史进程长到生活在过去的人穷其一生都无法完全领悟。我们还将尝试对过去生活的情境展开想象。在此两者的实践中，我们将能看到考古学家们如何利用技术来拓展自己根深蒂固的历史好奇心。

III
Part

第三部分

— 第六章 —
遥溯往途：迁移、流动和旅行

　　我最不寻常的一次考古实地考察记录是一条破旧的沥青路，约莫几百米长，与新墨西哥州的高速公路平行。[1]这条小路是66号公路被废弃的一段。66号公路建于20世纪20年代，全长4000千米，连接了芝加哥与洛杉矶。尽管我已有20多年没在美国西南部参与合同考古工作，但这一小段路依然留在我的脑海里：在尽职尽责填写报告文件的同时，我除了寻思一段破旧的公路是否值得花费心力去记录外，脑子里还浮现出另一个问题，即如何重建像旅行这样一些短暂而临时的事物。

　　66号公路被称为美国的主干道。在经济大萧条的衰颓年代，它载着一车又一车逃离大平原尘暴区的难民前往加利福尼亚。随后，在经济繁荣的20世纪50年代和60年代，驰骋其上的是气派闪亮的漂亮汽车。虽然这条公路早在40年前便被州际高速公路取代，但它的经典形象已成为人们对美国公路梦的集体怀旧不可分割的一部分。

　　这种集体怀旧是一种对过去的粉饰。[2]例如，66号公路对各种受"吉姆·克劳法"（Jim Crow statutes）管制隔离的非裔美国旅行者来说可谓险象环生[3]，以至于到1962年，维克多·H.格林（Victor H. Green）所著的《绿皮书》（*Green Book*）——一本介绍愿意为非裔美国人提供服务场所的旅游指南——发行量达到了 200 万册。

通过研究 66 号公路沿线旅行来描述 20 世纪美国社会的结构——无论是正面描述还是负面描述——符合社会学研究中称为"流动性转向"（mobility turn）的趋势。在我看来，这种考虑人们的空间和社会流动性随时间推移而发生变化的转向，是学者们通过空间和地点对人如何栖居在自然界中进行研究的必然历程。考古学原则上应该能够告诉我们人们在历史长河中的流动情况。然而，要了解历史的这一方面，需要发挥一些创造力，而这正是地理空间技术得以助力之处。

本章以研究考古学领域的创新方法为核心，这些工作意在重建古人的人口流动、人口迁移和旅行过程，并探讨这些行程之于人类历史的意义。本章将从人类自进化以来的第一次直立行走开始，随后介绍如何利用地理空间技术绘制大规模的人口迁移路线。此外，地理空间技术还为研究古代交通网络——例如横跨旧大陆的罗马道路网——提供了一些富有创造力的方法。今天，当我想起那一小段 66 号公路时，压根不觉得它有什么非同寻常之处；它实则为我们提供了某种灵感，使我们获得了一个讲述更鲜活、在许多方面也更真实的人类故事的机会。

• ● •

"我们从哪来？"，这是一直困扰我们历史好奇心的基本问题之一。要想了解人类历史的遥远过去，我们几乎完全依赖在上一个冰期的沉积物中发现的化石和文物。[4]发现化石或石器的地方往往已饱受熵的力量摧残，有时甚至无法被称为"遗址"（sites），而只能叫作"地点"（localities）。

作为研究人类进化的专家，古人类学家在寻找新的化石地点时必须广撒网。[5]他们首先利用以前的数据和经验，将搜索范围缩小到地质层暴露在外并可能产生化石的地方。例如，自 20 世纪 80 年代起在埃塞俄比亚进行的研究表明，菲济济地区有以前未曾勘探的化石储藏。通过实地考察，他们发现了当时已知最古老的类人化石之一，可追溯到约 370 万年前。通过遥感技术的导引，在埃塞俄比亚大裂谷南部进一步开展的实地工作从年代较近的沉积物中发现了一些石制品，与阿舍利手斧（Acheulean hand axes）的制造和使用有关，除此之外还发现了直立人的遗骸。

随着地理空间技术的进步，用于辅助搜索的地质图的量与质都有了进一步的提升。虽然大型化石 GIS 数据库的开发总体上依然较为缓慢，但还是有一些佼佼者[6]。例如，由加州州立大学东湾分校的亨利·吉尔伯特（Henry Gilbert）维护的网站为访问者提供了一种数据可视化的新方法。该网站宣称自己是"世界上最大的古人类地点资料集"，用户可以通过标本识别号或物种进行搜索。虽然基础数据集具有化石发现地的基本经纬度坐标，但它还能直观呈现不同地理区域化石的密度和年龄范围。有时，这种资料集的意义之一在于展现我们现有的可用标本何其稀有，而少量的标本却可以重建人类史的一大部分。除此之外，它还能告诉我们为什么有时少量的新发现也足以颠覆历史。

按理说，在卫星影像、详细完备的全球 DEM、高分辨率地质图以及对过去环境的计算机模拟四者合力下，就可以生成某种地理空间预测模型，从而大大缩小化石的寻找范围。但是，正如美国北卡罗来纳大学格林斯波洛分校的生物人类学家罗伯特·L. 阿内蒙 (Robert L. Anemone) 所得出的结论，生成预测模型并非易事。

阿内蒙及其同事一直在怀俄明州和犹他州的山丘上寻找化石，特别是寻找新大陆灵长类动物及其他哺乳动物的证据，这些动物早在第一批人类进化之前就已经生活在这里了。他们首先利用 Landsat-5，然后是 Landsat-7，最近是 Landsat-8，根据已知地点寻找化石。研究小组首先遇到了过度预测（overprediction）的问题。面积仅为 5000～20000 平方米的化石产地与地图上大片数值相同或相似的地区相比宛如沧海一粟，而在应用更高分辨率的数据和一种名为 GEOBIA 的机器学习方法（面向地理对象的影像分析，geographic object-based image analysis）后，搜索位置变得更加精确。在预测会有化石的 18 个地点中，大部分地点确实有化石出土。

如今的地理空间模型，例如阿内蒙及其同事开发的模型，已经可以提供精细的预测结果。现在的问题已不是能否自动找到新的化石地点，而是这个过程的效率如何，以及它能在多大程度上为我们提供关于过去的完整图景。比如说，我们想了解古人类的流动模式。我们如何知道在地理空间模型所指出的众多可能地点中，哪个地点会有对这一工作有用的特定化石？这是一个很难回答的问题。幸运的是，我们不必仅仅依赖化石。对我们的近亲——黑猩猩——的研究，以及对现代人如何流动的研究，为我们提供了独立的证据线索。

$\bullet \quad \bullet \quad \bullet$

地理空间技术的进步所产生的连锁反应之一是，我们拥有了关于地球上几乎每一种生物的运动数据，这些数据丰富且精度高。运动生态学（movement ecology）这一新领域正在帮助我们将 GPS 标记的爬行、攀爬、飞行、游泳等堆积如山的位置数据转化为连贯的图景，这些数据不仅记录了它们的运动地点和时间，还记录了它们的运动方式和原因。

关于人类尚存的近亲黑猩猩的最新位置数据和信息证实，它们能以复杂的方式思考四处迁徙的成本和收益。位于莱比锡的马克斯·普朗克研究所的荷兰灵长类动物学家卡琳·扬马特（Karline Janmaat）曾在坦桑尼亚和象牙海岸追踪黑猩猩的足迹，收集它们夜间休息、白天觅食地点的地理空间数据。

她长期从事这项工作，通常一次工作数月，有时甚至长达近两年。

对于古人类学家来说，扬马特的工作至关重要，因为它量化了黑猩猩在不同环境中的活动范围，以及与果树等特定资源的相关性，并说明了二者在不同季节和不同年份的变化情况。这比仅仅为单一个体（黑猩猩）做标记要有用得多，尽管标记个体也是常用的手段，因为我们可以获得它与地理位置相关的行为数据，从而找出黑猩猩选择某种特定漫游方式的原因。[7]

如果说追着一群黑猩猩到处跑还不够具有挑战性的话，扬玛特还遇到了一些地理空间数据收集方面的问题。她的典型做法是，在追踪黑猩猩的同时，使用徒步型 GPS 全天记录自己的行踪。在理想情况下，如此就能获得黑猩猩从白天醒来的那棵树到晚上休息的那棵树间所到之处的所有数据，以及它们在不同地点间移动的用时和速度。

但扬马特发现，GPS 定位在白天会发生漂移，使黑猩猩以看似不可能达到的速度移动；数据有时会显示它们以每小时 100 多千米的速度移动。另一些时候，GPS 数据表明黑猩猩在移动，而实际上研究人员和 GPS 都未曾移动过。对此的解决之道是进行大量的数据清理，找出信号不好的时段，并消除这些错误。[8]GPS 标记的动物也会遇到类似的问题，即遥测数据噪声；一般来说，这个问题可以通过对动物停息和开始移动的地点和时间进行概率估算来解决。

撇开技术难题不谈，GIS 数据有力地证明了黑猩猩是不可思议的空间－时间思维者。它们不仅会记住不同季节特定树木的结果模式，而且雌性成年黑猩猩还会特地选择夜间休息的树木，以尽量缩短第二天早上的觅食时间。加利福尼亚大学伯克利分校灵长类饮食专家凯瑟琳·米尔顿（Katharine Milton）提出，灵长类动物的认知能力可能是在解决觅食季节性果实所带来的时空难题的背景下进化而来的。从这个角度来看，我们之所以能够想象我们的祖先在遥远过去的活动状况，归根结底可能是因为我们的一些祖先更善于规划觅食季节性果实的地点和时间。

古人类学家之所以对人类的移动方式，尤其是人类如何能利用双腿行走有着悠久的兴趣，不仅仅是因为双腿行走是人类祖先与其他类人猿在身体上的根本区别之一。人类与生俱来的长距离徒步行走能力为狩猎和采集提供了巨大的优势。当寻找食物时，我们能够进入广阔的区域；当遇到比我们体型更大或速度更快的猎物时，我们有能力在长久的追逐中逼迫其慢慢耗尽体力。在树林里长时间行走听起来似乎人畜无害，但由于其他动物不如我们擅长持久徒步旅行，这便成为我们进化出的适应能力中较为致命的能力之一。[9]

最近，地理空间技术被用于在坦桑尼亚的来托利遗址上关于直立行走进化的研究。1976 年，坦桑尼亚的来托利发现了 300 万年前的足迹化石。多年前在潮湿的火山灰中留下脚印的生物显然使用双足行走。它们留下了三组足迹，一组是单个个体行走留下的足迹（称为 G1），另两组足迹沿着同一条路径穿插而行（G2 和 G3）。起初，这为确定个体的大小和步态带来了困难。后来，伯恩茅斯大学的马修·R. 本内特（Matthew R. Bennett）及其团队再次来到发现这些足迹的 G 遗址，使用安装在三脚架上的激光扫描仪（Konica-Minolta Vi-900）绘制了每个脚印的详细轮廓图，以将足迹分开。

不久后，即 2016 年，达累斯萨拉姆大学的菲德利斯·T. 马萨奥（Fidelis T. Masao）及其团队宣布，在来托利的 S 遗址发现了更多脚印，显然是一个体型更大、身材更高的个体留下的，其身高在另一个百万年的化石记录中见所未见。[10]因此，团队为其取了个名字"楚巴卡"（Chewbacca，见前言）。20 世纪 70 年代，来托利遗址的其他脚印被报道出来，照片刊登在报纸和教科书上。与此形成鲜明对比的是，"楚威"（Chewie，见前言）的脚印是通过摄影测量技术拍摄的三维脚印，并通过生物标本扫描数字存储库与全世界共享。这让其他科学家有机会检验他们的观点，也让我们有机会与 300 多万年后重见天日的发现进行互动。

•　●　•

如今，我们拥有大量由智能健身手表和手机中 GPS 生成的人类运动数据，其数量远超最大的追踪动物运动的地理信息系统数据库的总量。但是，要将所有这些数据归纳为我们可以用来了解遥远过去的位置信息，需要一些发散性思维。

为了了解我们同时身为狩猎者和采集者的祖先是如何迁徙的，亚利桑那州立大学的生物人类学家戴维·A. 雷克伦（David A. Raichlen）将目光投向了生活在坦桑尼亚北部的哈德扎人（Hadza）。他的团队招募了大约 40 名成年哈德扎人，这些人将从早到晚一直佩戴 Garmin Forerunner 205 GPS 手表。这并不是人类学第一次对现代狩猎－采集者的移动性展开研究。以前的研究增进了我们对人们在不同环境条件下行动能力的了解——炎热或寒冷、潮湿或干燥，而这显然与人们在外出活动时会寻得多少潜在的食物有关。

关于哈德扎人移动能力研究的新闻报道往往集中在这样一个事实上，即志愿者——这些必须靠狩猎和采集食物为生的人——比今天的大多数其他人要活跃得多，平均每天要行走 6 千米（男性平均约 10 千米，女性约 4 千米）。这可能足以让我们因羞愧而坚持新年制订的锻炼计划，但并不令人惊讶。更有趣的是他们在这片区域搜寻食物时的移动方式。

最近，我与家人一起在蒙特雷湾水族馆观看了一场鲨鱼表演，里面有很多鲨鱼在太平洋上活动的地图。像鲨鱼这样的自由捕食者会根据猎物的密度和易得程度改变自己的搜索模式。如果猎物数量充足且容易找到，它们就会或多或少地随机改变搜索方向和搜索时间。这种模式被称为布朗运动（Brownian motion），与分子运动随机弹跳、不断改变运动方向和持续时间的模式如出一辙。

如果猎物难以寻觅或数量稀少，布朗搜索就不是最佳选择。取而代之的是所谓的莱维飞行搜索（Lévy flight foraging）。莱维模式同样包括大量搜索方向和持续时间的随机更改，但在同一方向上的短距离移动比长距离移动要多得多。事实证明，哈德扎人遵循的是莱维模式，在坦桑尼亚北部地广人稀的环境中并非不合理。不过，在得出这是为狩猎所独有的结论前，应该指出的是，人们在迪士尼乐园里四处走动也遵循着这一模式。在我看来，这给我们的启示是：如果把人类运动简化为一个数学模型，就会发现我们与其他复杂动物的共同点比想象中要多得多。

大多数考古数据过于粗糙，无法为我们在现代人身上看到的不同搜寻模式提供直接的实物证据。但是，我们在将石器与其自然来源相匹配的能力以及在石器技术分析（研究石器是如何制造的）方面取得的进步，能帮助我们更好地研究古代狩猎 - 采集者在不同历史语境中的移动性。[11]例如，在非洲南部的中石器时代和欧洲的旧石器时代晚期出现了被有规律地丢弃的碎石，而这些碎石的原始来源在100多千米以外。这些较远距离的"旅行"表明，大约在四五万年前，人类利用地标寻路的能力发生了一次进化转变。

在西班牙北部进行的一项 GIS 寻路研究重点关注可能被早期现代人类用作地标的地形。那些几千年来位置基本保持稳定且可读性指数（legibility index）得分较高的地点——这意味着人们更易在远处辨认出它们——有较大概率在其周边大约 2 千米范围内发现早期考古遗迹。这一结论不无道理，但只有将 GIS 工具和创造性思维正确地结合起来，才能将这些碎片信息重新组合在一起，进而推知人们在何时以及如何掌握了在陌生地貌中导航的能力。

· · ·

我们生活在人类漫长发展史的一个间歇期。[12]除南极洲外，人类上一次永久占据无人居住的大块陆地的活动发生在不超过 40 多代人之前，即最初对遥远的南太平洋上新西兰诸岛的开拓定居活动。完成这一开拓壮举的航海先驱们的后代是毛利人，后者将载着祖先到此地的独木舟的名字融入他们的家谱中。他们回忆称，自己的祖先乘着独木舟来到了这片被命名为"奥特亚罗瓦"的土地，意为"绵长白云之地"。

我不知道当我们在月球和火星上建立人类定居点时，运送开拓者的飞船是否会在未来人类的家谱中占据同样的位置。或许是因为下一步的重大迈进还需数代人的努力，也许是因为我们在西方流行文化中将殖民者美化为了富有冒险精神和独立精神的人，但有一点是明确的：在研究人类何时以及何以成为地球的主宰一事上，考古学家们付出了大量精力。

关于人类这一物种扩散的时间、速度和路线，有着数量惊人的书籍和文章。这些研究，说到底，都与良好的地理空间数据和信息相关。但地理空间技术的真正进步在于对模型形式的更新。例如，我们对一些早期人类离开非洲并在旧大陆扩散的过程有了一些更具体的模拟。这些模型的建立是必要的，因为追溯人类发展轨迹并非简单地连点成线。

一道横在眼前的难关是，今天的地球已经不是上一个冰河时期的地球了。因此，如果要研究早期智人是如何以及何时遍布非洲大陆的，就必须调整 GIS 的数据以使其与以前的地貌相配。最近的一项研究就做了这件事：他们利用修改过的全球 DEM 和 125000 年前的古环境数据，推测人类可能是沿着三条主要河流走廊中的一条穿过撒哈拉沙漠的；这些河流在许多年前就已经消失了，直到它们以"雷达河"的形式再度映入人们的眼帘。

在更新世时期，地球上几乎所有的海岸线都与今天不同。由于大量的水被困锁在冰川中，因此海边的陆地比今天多很多。这一点尤其令人沮丧，因为人们正是沿着这些古海岸线——就像今天已经没于水下的多格兰海岸一样——才可能找到从非洲到现在的澳大利亚的路。

澳大利亚，或者更准确地说，由澳大利亚大陆、塔斯马尼亚岛和新几内亚岛组成的前超级大陆萨赫尔（Sahul），对研究人类的扩散非常重要。对于地理空间模型来说，它的作用犹如煤矿中的金丝雀，是一些人类先祖离开非洲的证据。在欧洲和亚洲发现这一年代的沉积物并没有很强的说服力，因为我们智人属的其他成员彼时已在那里四处游荡，从而对现代人类扩散的证据产生干扰。但是，由于萨赫尔大陆与东南亚相隔遥远，因此从未被古人类占据过，它为我们提供了古人类使用水上交通工具和自非洲扩散开来的首个确凿证据。[13]

奔赴萨赫尔大陆并非我们认为人类从非洲向外扩散的过程中涉及海岸的唯一理由。俄亥俄州立大学的朱莉·S. 菲尔德（Julie S. Field）是一位考古学家，她在太平洋岛屿考古方面的工作最为人熟知，但她还有一项殊荣，即首次建立了人类从非洲南部扩散到澳大利亚的地理空间模型。在 GIS 的模拟中，一群数字流浪者被送离东非，他们不知道地平线那边有什么，但得到的指令很简单：沿着阻力最小的路径前进。随后，研究人员将模拟结果与这一时期的考古遗址在现实世界中的分布情况进行了比较。

菲尔德使用了一种叫作"最低成本路径"（least cost path）的函数。计算方法有很多，但最简单的方法是直接在 GIS 中指出出发点和目的地，它就会找出两点间的最佳路线。在一马平川的平原上，这将是一条直线；但在现实中，这往往意味着要紧贴山丘的边缘并沿着自然出现的缓坡前进，而非直接越过山丘。"南方扩散地理空间模型"（southern dispersal geospatial model）中的数字流浪者并没有被赋予明确的目的地，但他们最终抵达了非洲之外出现过早期考古遗址的位置。当你把他们的不同行进路径放在一起看时，可以发现他们往往是沿着古海岸线前进的。

最近，针对这些发现的一场讨论进一步证明了海岸和沿海环境的重要性。俄勒冈大学的乔恩·M. 厄兰森（Jon M. Erlandson）和圣地亚哥州立大学的托德・J. 布拉热（Todd J. Braje）认为，对于南方扩散地理空间模型中的数字流浪者而言，虽然主要的河口难以跨越，但实际上这些河口是资源丰富的红树林，早期的人类可能被其吸引。我曾徒步穿越过红树林。这里生机盎然，对狩猎和捕鱼而言确实颇具吸引力，但穿越起来也并不容易。[14]

越来越多的人一致认为，古海岸线是第一批从亚洲前往美洲开拓定居的人所选择的路线。当然，这并不是要抛弃我们通常会在学校里学到的那种说法，即人们是通过一座现已被淹没的陆桥从亚洲来到美洲的。但一些现有的证据表明，人们最早沿着太平洋的古海岸线迁移，其中包括近二十年前确认的一处位于智利的地点，该地拥有早期美洲人存在过的确切证据。[15]

考古学家们花了一些时间来为人类从亚洲西北部向南美洲迅速扩散的现象寻求一个合理的解释。田纳西大学诺克斯维尔分校的戴维・G. 安德森和南卡罗来纳大学的 J. 克里斯托弗・吉勒姆（J. Christopher Gillam）是最早对此进行研究的团队之一的两位成员，他们为研究美洲的第一代居民占据这片广阔大陆的过程提供了新视角。

安德森和吉勒姆注意到，如果将所有已报道的、风格最为古老的石质建筑的发现点集中在同一张地图上，可以看到它们呈斑块分布。他们以美洲古印第安人数据库（Paleoindian Database of the Americas, PIDBA）为基础，绘制了第一张考古发现地图，此数据库是当今最大的单一类型文物 GIS 数据库之一。我们有充分的理由认为，一些文物的集中分布缘于数据库创建过程中的偏差。但安德森和吉勒姆认为，也许这意味着人类聚落本就不属于均匀分布。他们的想法是，随着时间的推移，当人口增长至产生了一个新的族群并迁徙到其他地方居住时，他们不会立刻沿路迁徙，而是会"蛙跳"到下一块利于生存的地点。[16]就像早期寻路研究的结果一样，这一结论不无道理，但只有将数据、地理信息系统工具和创造性思维恰当地结合起来，才能得到出这一聚居模式的规范形式。

　　让我们重新回到地球上人类迁徙定居的最后阶段：奥特亚罗瓦和太平洋上的其他岛屿。多年来，包括托尔·海尔达尔（Thor Heyerdahl）在内的一些西方人对波利尼西亚人和其他太平洋岛民有目的地搜寻、发现并在岛屿上开拓定居的能力表示怀疑。海尔达尔因在 1947 年驾驶一艘名为康·蒂基（Kon Tiki）的轻木筏从秘鲁前往法属波利尼西亚而闻名。他认为太平洋岛民的前身是由从南美洲漂流过来的"白种印第安人"。即使撇开这一观点的浓厚种族主义色彩，以及那些关于太平洋岛民的祖先来自太平洋亚洲一侧的大量证据不谈，计算机模型也足以对海尔达尔的这番鼓噪作出有力驳斥。

　　有人认为古人横跨太平洋长距离航行的成功全凭偶然，而对它们的计算机模拟则推翻了这一观点。[17] 20 世纪 70 年代，考古学中最早的地理空间模拟之一将一些数字独木舟放入模拟的大海，结果表明漂流航行最终靠岸的可能性微乎其微。20 世纪 80 年代末，随着计算能力的提高，风向和海流观测数据量的增加，新的模型显示，寻找新大陆在一代又一代人技术水平和航海知识的不断提升的情况下有可能取得成功。数字独木舟在最后一轮模拟探索中终于发现了太平洋偏远岛屿中最大的潜在目标——新西兰，因为这样做等于直接放弃在母岛的上风处进行稳妥搜索，而需冒险迎风往返于寒冷的南部海域。

　　人类世世代代都在精进辨明方向的技艺，这一观点有助于解释为什么关于太平洋地区最早考古证据的放射性碳年代测定在无人于新的岛屿定居时会出现停顿，而在有人定居于新的岛屿时定居却批量涌现。尽管如此，我们也并未放弃其他可能的解释，而 GIS 在这方面再次发挥了作用。如今，我们拥有更多更优质的环境数据，可以用来研究陆地上的人口分布情况；我们对风暴、洋流和风向模式的监测也比过去更精确，因而能够更全面地了解太平洋的实际状况。更详细的气候记录让我们能够更好地了解厄尔尼诺／南方涛动（ENSO）的频繁程度。这些数据被用于考量不同假设情形的发生概率，比

如厄尔尼诺 / 南方涛动的自然模式与太平洋偏远岛屿探索进程中定居的停顿或涌现之关系的密切程度，从而彻底改变了以往对上述话题争论不休的局面。

太平洋岛民的祖先乘着独木舟驶向太平洋偏远岛屿新家园的航程，与自非洲走向欧洲与亚洲，再走向澳大利亚和美洲的人群所经历的旅程有着很大的不同。冰河时代的人类是采集者和猎人，仅凭随身衣物和所能携带之物出行。太平洋上的双体风帆独木舟则满载着农民，他们带来了驯化的植物和动物，以便在下一个岛屿上开始自己的新生活并定居。因此，他们既是最新的人口迁徙案例，也是 V. 戈登·柴尔德引起世界瞩目的观点——新石器革命运动——的一部分。

•　●　•

早在柴尔德时代，人们就已能辨认农业技术传播留下的残余物。因此，人们对家养动植物的起源和传播提出了许多不同的假设。例如，人们根据植物的遗传学、不同语言中的"水稻"词汇谱系以及考古证据，追溯了水稻的起源。遗憾的是，由于作物驯化可能是一个漫长的过程，又涉及与水稻野生近缘种的回交，因此现代水稻品种的遗传学研究非常棘手。种植水稻的考古证据（如保留下来的早期田地）以及驯化水稻的直接证据都极为罕见。

伦敦大学学院的费比欧·席尔瓦（Fabio Silva）和他的同事们创建了水稻考古数据库（Rice Archaeological Database），这是一个覆盖面积约 1800 万平方千米的 GIS 数据库，包含 400 个经过放射性碳年代测定的样本位置。但是，将样本数据库限制于不同地区最早出现水稻的地点，严重削减了样本量。在如此低的样本密度下，相当于整个欧盟那么大区域内的可用样本只有 100 例。因此，他们必须找到一种巧妙的方法来寻找最早驯化水稻的可能地点，这种方法要与现有数据最为契合，尽管数据本身可能十分稀少。

为寻找驯化水稻的原产地而建立的模型始于几个简单的假设。首先，一些地区因过于寒冷（如俄罗斯远东地区和喜马拉雅山脉高海拔地区）、过于干燥（如戈壁等主要沙漠）或距离海岸太远（超过 40 千米）而被排除在外。其次，他们对水稻的传播作了两个假设：一是水稻会沿着阻力最小的路径传播；二是水稻的传播速度会随着远离核心地区而增加。这就是所谓的最低成本路径函数的"快速行进"版本。接下来，研究人员在一个巨大的网格中任意选择了几百个地点，并对其进行了超过 6 亿次模拟，以确定哪种分布图最符合现有的水稻传播的位置数据。

最终胜出的是一个位于长江下游的地点，考古学家曾怀疑该地点就是古人对水稻展开驯化的中心。但席尔瓦和他的团队并没有就此止步。他们利用考古文献中提出的 6 个地点再次进行了测试。他们发现，如果将其中 2 个地点——一个起源于长江下游，另一个起源于长江中上游——的结果结合起来，其拟合效果要好于无约束测试中的单一起源结果。目前还不清楚在同一条河流沿岸出现两个发源地对史前史究竟意味着什么。尽管如此，这仍是一个重要的结论，因为考古学家自然不甘于接受简单而稀疏的时空数据，然后就提出一套复杂的解决方案——然而历史并不总是遵循奥卡姆剃刀原则[18]。

除水稻的传播外，另一个案例也可表明考古数据足以证明人类历史进程比我们曾认为的更为复杂。农耕和畜牧业在非洲南部的传播，是近两千年前才出现的重大转变。在此之前，像卡拉哈迪沙漠这样的地方在整个人类史上一直都是狩猎 - 采集者的家园。长期以来，考古学家们一直推测，家养动物在石器时代晚期被引入或带到了该地区的西半部，这比有据可查的班图语使用者（Bantu-language speaker）向东扩张的历史早许多代。

至少可以说，在上述研究过程中，将实际数据与海量的推测区分开来是很困难的。截至本书撰写时，有超过 1450 份出版物涉及 1600 年（公元前

550 年至公元 1050 年，原文错成了 1500 年。——译者注）内 600 万平方千米的面积。我之所以知道这一点，是因为约翰内斯堡威特沃特斯兰德大学的考古学家费伊·兰德（Faye Lander）和泰姆比·拉塞尔（Thembi Russell）编制了一个地理空间数据库，收录了所有类型的考古证据（陶器、牲畜、金属、金属加工、耕作、建筑、马厩/牛棚等），用于确定畜牧业和农耕在非洲南部的传播进程。同时，他们还编制了第二个 GIS 数据库，对所有相关文献进行了整理。

他们的努力值得敬佩。这项工作劳心费神，而结果却不尽如人意。虽然该项目吸引了很多人的关注，但它并非那种能产生大量良好位置数据的项目。例如，样本点只有 200 多个，这个密度甚至低于亚洲早稻样本点的比例。该项目对许多物品进行了放射性碳年代测定，但来自驯化动物遗骸和陶器的直接年代却只有 40 多个。而且，新的古代 DNA 测定结果表明，许多曾依据外形被认定为羊、狗或牛的动物骨骼实际上来自非洲的多种野生动物。

但也并非只有坏消息。通过将放牧、耕作和炼铁的不同指标量度分别置于 8 张时间切片图中，兰德和拉塞尔使过去只能在相当混乱的地图中展示的东西变得更加形象具体。即使有着不可忽视的时空缺口，目前的证据也已显示出了两个出人意料的趋势：首先，牛羊畜牧先于农耕向南传播，使得牧民在非洲南部先一步站稳了脚跟，这可能要比农民最终在非洲南部安身早 35 代。其次，这些农民带来了班图语、植物和铁器，但奇怪的是，并没有带来牲畜。目前的证据表明，他们的牲畜似乎是从当地牧民那里获取的。

事实证明，当涉及早期的寻路、人口迁移或农业传播时，地理空间技术有助于研究者摒弃不正确的模型，建立新的模型。它还在某些情况下表明，虽然我们会基于"在所有条件相同的情况下，最简单的解释就是最好的解释"这一原则作出推测，但过去的情况依然比我们推测的要复杂得多。这并不意味着考古学家们就此停止了对迁移时间和方向的争论。我们依然为地图上的箭头争论不休。但如今我们能够更合理地缩小研究范围，了解人们为什么要收拾行李，远走他乡，开始新的生活。

· ● · ·

道路在现代生活中无处不在，很难想象它是一种相当晚才诞生的发明。在有史以来的不同时间和地点，各地都有着足够多的小路和小径，可以说它们是人类生活的一个普遍特征。[19]然而，正式的"道路"是由等级社会——酋长、国家、帝国——建造的，以使沿线移动"便利化和规范化"，并对基础设施进行重大改进。[20]换言之，尽管各地的确切时间有所不同，但人类的道路建设始于青铜时代前后。

对考古学家来说，道路网不仅仅是出行或商业的副产品，而是一个由精英阶层支持的大型长期建设项目。例如，虽然罗马的道路网大多没有铺设路面，但总长度超过了40万千米，比地月间的距离还要长。此外，道路也是对城区中心的投资。例如，玛雅城市蒂卡尔的门德斯堤道据估计花费了93000个工作日才建成。与纪念碑一样，道路对于进行盛大展示至关重要。至少，如果要举行游行，就离不开道路。

古代交通的另一个重要组成部分是水上出行。考古学家曾多次指出，虽然人们往往带有一种隐性的偏见，把水归类为障碍物——某种需要架桥才能跨越的阻碍——但海岸线、河流、运河、湖泊、海湾和海洋才是古代世界真正的交通要道。但这方面的研究往往颇为棘手，不仅是因为水上交通工具只有在极特殊情况下才能保存下来，更因为水路往往处于不断的动态变化中。同时，在许多情况下，人们不需要对水路做太多的调整就能使其适合船只下水、靠岸或停泊。然而，与道路一样，大型水上基础设施——运河、防波堤和码头系统——也与等级社会有关。此外，彼时人们的出行目的地和搬运物品的方式也会受到技术的影响。几个世纪以来，除步行外，驮运动物（如驴或美洲驼）和骑乘动物（如马、骆驼和大象）也加入了交通工具的行列。[21]

考虑到这些基本要素，地理空间技术正在通过三种方式帮助人们更好地了解古代出行和交通。首先是如何将这些技术应用于我们已经熟知的道路系统。

· · ·

多年来，美索不达米亚北部数段长而直的、纵横交错的车辙一直深受考古学家的关注。这些车辙在航空照片上很明显，但几乎无法在近处分辨，因为它们只是地形上的细微变化。2003 年，哈佛大学的考古学家杰森·乌尔（Jason Ur）开始使用解密的日冕卫星影像，绘制叙利亚东北部的完整地图——村庄和一些世界上最古老的城市。他最终还绘制了 6000 千米的道路地图：约为 66 号公路长度的一倍半，所有这一切都在一片面积约为新罕布什尔州大小的研究区域内。

这些道路四通八达，有位于聚居地内部和四周的道路，有连接聚居地与聚居地之间（村与村之间）的道路，还有从聚居地向外辐射的其他道路，似乎不知道通向何方。但这些道路并不是通向虚无之地的神秘道路。在得克萨斯州，我们称其为"农场到市场"的道路，是人和动物在僻壤和城市间来回穿梭而形成的。通过卫星影像绘制这些"农场到市场"的古老道路，有助于确定青铜时代早期（前 2600—前 2000 年）农耕区的位置[22]。

遥感技术为我们调查美国西南部与查科现象有关的道路提供了更加严谨的方法。普韦布洛人（Pueblo）的祖先历来很少合并成大型单一聚落，也很少建造具有纪念碑般规模的建筑，或在大范围内采用统一的艺术、建筑和器物风格，但在某一时刻，他们几乎突然同时做了上述所有事情。[23]这场活动的中心是新墨西哥州的查科峡谷，那里有巨大的"屋舍"，里面有数百个小隔间，还有大型基瓦（kiva）——这种圆形建筑部分建在地下，内部绘有大量壁画。

圣胡安盆地（San Juan Basin）地区——因其处于犹他州、科罗拉多州、亚利桑那州和新墨西哥州的交界处，故也被称为"四角地"（Four Corners）——有着覆盖面积达 10 万平方千米的路网，被称为"查科路"。这些道路与遍布该地区的查科风格建筑密切相关，有些道路直通查科峡谷，直线距离超过 50 千米。

北佛罗里达大学的考古学家约翰·坎特纳证明了 GIS 在考古学中的实用性。他指出，有记载的查科路段并不按最低成本路径建造，而是沿着具有意识形态意义的自然特征延伸。[24] 在此地利用机载激光雷达进行的新研究已经开始记录峡谷本身及其周围 4200 平方千米研究区域内的道路片段。与美索不达米亚北部的道路一样，其中一些道路在地面上难以辨明，只留下非常细微的凹陷。

在古代世界中，研究最多、规模最大的道路和港口网络属于罗马帝国。丰富的历史记录以及罗马帝国建造和维护的庞大交通网络，吸引人们采用了许多富有创造力甚至有些怪异的手法对其展开研究。

对于想实地体验一把罗马假日的时间旅行者，有一个网站可以帮助他们规划这次旅行。该网站名为 ORBIS，由斯坦福大学古典文学教授沃尔特·沙伊德尔（Walter Scheidel）和数字人文专家伊莱贾·米克斯（Elijah Meeks）共同创建，米克斯目前在网飞（Netflix）担任高级数据可视化工程师。ORBIS 覆盖了令人难以置信的 1000 万平方千米。研究小组重点研究了 632 个著名的聚居地，其中约一半位于海岸线上，因此成为估算海上航线的基础。陆上路线的总长度超过 8.4 万千米，而这还只是古罗马道路总长度的约五分之一。除道路外，网络地图还包括 2.8 万千米的可通航河流和运河，以及约

11.9 万千米的海上航线（海上旅行的用时长短因旅行季节而异）。[25]

　　ORBIS 旨在展示连通两地的具体成本——旅行和通信成本——通常此二者被认为只由距离决定，但实际上也受季节、交通方式及其他细节的影响。举例来说，如果一个人想在夏天从伦丁尼姆（伦敦旧称）去罗马，ORBIS 计算出的水路航程只需 30 天。但如果在冬天骑驴前往，则网站估计需 82 天。网站甚至还以银币（第纳尔）为单位计算了旅行费用；毫不奇怪，越快的旅行方式越昂贵。将旅行以物流时间和金钱等变量进行量化，意味着我们能够更好地了解罗马世界中的新闻、思想和习俗是如何从一个地方传播到另一个地方的。

　　我们有充分的理由相信，古罗马的道路网在罗马灭亡后很长时间内仍然具有相当的影响力。[26]伦敦大学学院的考古学家斯图尔特·布鲁克斯（Stuart Brookes）和伦敦帝国理工学院的数学家阮怀英（Huynh Hoai Nguyen）希望找出在罗马帝国晚期地理位置较为优越的城镇，以及它们在中世纪英国的发展情况。为了从众多位于路口的城镇中筛选出在路网里具备优势的那些，他们使用了谷歌开发的一种算法：网页排序（PageRank）。顾名思义，网页排序算法可以计算与搜索主题相关的网站的重要性，并为之排序。[27]此处的数据并非来自网站，而是关于城镇在道路网络中的位置。他们的研究表明，可以依据城镇在路网中占据位置的优越性来预测此地未来的发展状况。

　　在研究罗马道路的所有手段中，最疯狂的当属黏菌培养。在某些时候，你或许会注意到自然界中许多事物的空间模式，例如我们身体中的静脉和动脉血管，看起来就像小小的道路系统。布里斯托尔的西英格兰大学非传统计算中心主任安迪·阿达马茨基（Andy Adamatzky）也注意到了这一点。他与一些对横跨巴尔干半岛的罗马道路感兴趣的考古学家合作，制作了一个复刻罗马中后期 17 个城镇分布的比例模型。模型被放在一个尺寸较大的培养皿中（22 厘米 ×22 厘米），在城镇的位置放上了燕麦片。在复制了 18 份模型后，研究团队将其中一些燕麦片涂上黏菌。几天后，黏菌扩散开来，形成了一个天然"路网"。

这项研究成功了吗？算是吧。当黏菌在燕麦间沿着自然的最低成本路径扩散并寻找养分时，它们会留下较粗的原生质管道。许多实验性的黏菌图样与我们所知的该地区的重要通路相符，而且与针对同一过程的计算机模型预测的结果惊人地接近。不过，虽然有趣的科学实验讨人喜欢，但它们作为可视化工具的效率却远不及数字虚拟人在虚拟世界中建造的数字化道路。

·　●　·

除了帮助我们了解为人所熟知的古代道路系统外，地理空间技术还可帮助我们确定文物在到达它们的发现地之前曾在何处流通。

有些基本事实使得整个文物寻源工作——研究人们从哪里获得制造物品的原材料——变得困难重重，事实上，可能在搜索开始之前就已经注定了失败。原材料的天然来源很少是完整而独立的地理地点。一个优质黑曜石产地可能被河流切割成数块，因此无法确定人们是直接从产地开采这种石头，还是从相对更远的下游处捡拾。陶瓷的问题就更大了，因为它们是由黏土及其他东西混合制成的。而且，如果这还不够糟糕的话，许多考古学家普遍认为，根据原材料的产地来确定器物的空间分布模式并不能得出任何有意义的结论。[28]

不过，并非所有人都对自然资源的研究价值持悲观态度。我自己对夏威夷原住民（又称卡纳卡－毛利人）祖先采石方法的研究经历让我相信，在这一研究领域，地理空间考古学将有更多创新性的发挥空间。

作为石器工具的来源，夏威夷群岛的火山岛提供了两种基本的原材料：一种是坚硬的灰色玄武岩，非常适合制作锛、凿及其他各种工具；另一种是火山玻璃。火山玻璃属于黑曜石家族的一员。它可以被削成边缘锋利的薄片，天然存在于岛屿的数百个地方。大多数研究都着眼于玄武岩锛，试图从中找到岛屿间交流的证据、工艺专业化的案例，以及精英阶层在这两方面可能施加的管控。

我和我的同事之所以对火山玻璃感兴趣，正是因为火山玻璃本身并不具有价值，因此可以很好地衡量人们的日常互动。在一座名为普瓦瓦（Puʻuwaʻawaʻa）的小山上，有一处尤为重要的火山玻璃产地。[29]在我们检测的3000件文物中，约有一半与此地的资源相吻合。毫不奇怪，旅行时间是预测该处出产资源在任何地点的使用比例的良好指标，但这并不是研究的重点。接下来，我们研究了文物本身，并试图了解石料是如何在已知的社区和地区边界内被开采和交换的。

没有任何技术、任何方法可以完整地揭示一件石制品从它作为一块原石被运离出产地的那天起曾到过的所有地方。但是，当我们同时观察大量文物时，就会发现一些有趣的规律。在距离普瓦瓦不到一天脚程的地方——这意味着你可以早晨起床，前往资源点，赶在日落前回家——我们在一些火山玻璃碎片上发现了一些风化的表面。这表明有人曾打磨过一块石头，而这块石头看起来仍与其自然形态别无二致。从更远的地方收集到的文物没有风化表面，主要是一些较小的碎片，也许在邻居之间过手前已经被使用过若干次。到此行的终点，遍地都是普瓦瓦火山玻璃碎片，小到几乎无法使用。对我们来说，这表明跨越社区边界（夏威夷语称为ahupuaʻa）的旅行具有某种程度的渗透性，而这是此前未曾记录的。

如果可以为小石头溯源，那么大石头呢？对巨石阵和埃及金字塔的石料进行详细的地球化学研究，可以让我们很清楚地知道人们是在哪里开采这些石头的。但地理空间技术往往不是这些研究的主要内容。不过，也有一些例外，在我看来，它们展示了许多尚未开发的研究潜力。

　　这里以世界上最著名的巨石雕像即复活节岛上的拉帕努伊摩艾像为例。拉帕努伊人在小岛东侧的一处采石场雕刻了约 700 座摩艾像。岛上没有可供辅助搬运这些雕像的天然河流。分辨率极高的卫星影像显示了长达 32 千米的路径的遗迹，其中大部分都由采石场向许多摩艾像的发现地延伸。

　　人们对这些雕像的运输方式有着诸多猜测。卡尔·P. 里普（Carl P. Lipo，纽约州立大学宾汉姆顿分校）、特里·L. 亨特（Terry L. Hunt，亚利桑那州立大学）和瑟吉奥·拉普·霍阿（Sergio Rapu Haoa，智利拉帕努伊岛／复活节岛库亚杭加罗阿海洋研究所）（Instituto de Estudios Oceanicos, Hangaroa, Rapa Nui/Isla de Pascua, Chile）利用对完整摩艾像的三维扫描图像，制作了一个混凝土复制品。这实质上是一项规模颇大的 3D 打印工作，因此他们可以尝试各种移动摩艾像的不同方法。完成后，一个协调小组让混凝土摩艾像在一条小路上前后晃动着"走路"前进。这项实验，以及对雕像被搬运时重心情况的一些评估，可用于证明雕像可能并非出自一个等级森严的、有能力进行大型协调劳动项目的社会的劳作，而是由独立的小团体沿着卫星影像所显示的轨迹制作和放置的。

　　波利尼西亚有丰富的口述历史，也有关于这些岛屿生活的详细的早期书面记录，但期望这些记录反映过去发生的方方面面是不现实的。任何历史记录都不可能做到这一点。通过在大大小小的石制品上应用地理空间技术，人们前往采石场的无数趟旅程变得清晰可见。有了这些新知识，我们就可以对过去生活的基本假设加以检验，进而充实我们对过去的描摹。

· · ·

　　地理空间技术可以帮助我们更好地了解古代出行和交通的最后一种方式，是对社群疆界和人口运动的大模式演变进行可视化呈现。针对这类问题的研究在地理空间分析方面往往会面临一定的技术挑战，但它突出了在采用正确方法后可以企及的目标。

对长期和大规模人口迁徙的研究往往会回到对古代国家政治边界的审视上。最近对安第斯山脉、墨西哥盆地和克里特岛的研究找到了一种方法，可以在缺乏显示国家疆域变化的详细地图时考量人类群体间的互动。一项有趣的研究考察了穿越阿尔卑斯山的旅行，以探究我们很少谈论的国家权力的一个方面。这项研究使最低成本路径函数不再是铁律，并提出了一个新问题：我们应该在哪里找到那些主动避开聚居地和聚居地之间路径的人留下的东西？换句话说，就是那些不愿意与他人交往的人，比如走私者、土匪或盗贼，想避开当局的关注。

鉴于我们在不同地点间将多种非正式路径以及水上或水边旅行都纳入考量范围的趋势，其他研究也试图将不同景观中的旅行可视化。新罕布什尔大学考古学家梅根·C. L. 豪伊使用了一个名为 Circuitscape 的程序。Circuitscape "借用电子电路理论中的算法来预测异质景观中动植物种群的移动、基因流动和遗传分化模式"。她对密歇根州与欧洲人接触前几个世纪的历史进行了研究，揭示了两点间旅行除成本最低的路线外还有哪些可能存在的路径。

来自阿尔伯塔大学的罗伯特·古斯塔斯（Robert Gustas）和基莎·苏伯南特使用非传统变量来计算太平洋西北地区不同地点间的移动成本。与豪伊一样，他们的目标不是找到一条单一的路径，而是显示总体的运动趋势。在这一案例中，人口移动的路径集中于有许多近海岛屿的海岸线附近。研究结果包括两个预测模型，它们显示了可能出现遗址的热点地区——模型之一为当地居民允许人们进行陆上旅行的地区，另一个模型则为陆上旅行遭禁的地区。

前述研究中的相当一部分都涉及古人在没有道路或避开道路的情况下

对出行方式的选择。在人类历史的大部分时间里，我们的祖先都在沿着小路或小径等"非正式"道路行走。若要将古代人类的流动性作为了解过去社会的窗口，这是不得不面临的挑战之一。然而，我们依然可以通过数据、工具和创造力的恰当组合来解决这个问题。

·　●　·

利用在某一地点静滞了数千年的事物来重建迁移轨迹，是一项充满诗意的工作。地理空间技术正在帮助我们做到这一点，它使考古学家不必拘泥于对少数几个地点、少量文物或古人探索交流的些许案例的研究，而能够放眼于构建更大、更完整的人类迁移图景。在某些情况下，我们仅仅以少量的位置信息作为证据，就足以支撑起一些关于过去的复杂故事。有些古今差异和主题比其他差异和主题更受关注，而地理空间技术可以让我们更易看清有待努力的方向。我们正致力于更全面地了解自己从何而来、以何种方式四处迁徙及迁徙的原因。

在下一章，我们将看到地理空间技术如何帮助考古学家识别和了解古人获取食物所采用的手段。诚然，关于我们与自然界的关系以及我们在自然界中的地位，除了食物之外，还有很多其他故事可讲。但进食是人的立身之本。人们如何获取食物以维持生存并繁衍发展这一问题，反映在大量的考古记录上。

— 第七章 —
食与农：祖先的果腹之道

时间旅行故事和其他类型的小说一样，都有一套不言自明的惯例。有些关于过去的事物必须是正确的，或者尽量如我们预期中那样正确，否则我们对剧情的信任感就会被打破，进而使整个故事显得荒诞可笑。还有一些细节则常被观众忽略，比如时空旅行的具体手段往往无须过多解释。读者几乎可以接受任何设定。穿越时空的原因可能是角色撞了一下头，也可能是被施了魔法。时间机器也可以采取任何形式——汽车、电话亭、热水浴缸——都无所谓。[1]

此外，还有一个我最近才注意到的惯例，就是时间旅行者似乎从不为如何在过去喂饱自己担心。或者说，他们从不担心在过去的历史中平添了几张吃饭的嘴会对未来产生什么影响。为什么呢？简单的答案是，尽管当今世界每九个人中就有一个人营养不良，但剩下的人压根不会去思考挨饿的问题。[2]稍微复杂一点的答案则深深植根于时间旅行的类型。戴维·威滕伯格（David Wittenberg）在他的著作《时间旅行：大众叙事哲学》（*Time Travel: The Popular Philosophy of Narrative*）中提出了一个论点，即晚期乌托邦浪漫主义流派是产生穿越小说的文化和文学温床。有了这个基础，穿越故事的剧情未将饥饿纳入考量范畴也就不足为奇了。因为乌托邦里没人会挨饿，时间旅行者自然也不需要为吃饭操心。[3]

将过往的世界美化为乌托邦或伊甸园，会抑制我们对过去人们如何获取足够的食物的历史好奇心。虽然出现在菜单上的菜品也是一个有趣的研究对象，但并非我们在这里要讨论的内容。许多关于人类社会如何演化的重大问题，在某种程度上都可以回溯到农业。这是不言自明的。在没有资本、没有货币的世界里，食物就是货币，是让越来越多的人得以聚居生活的先决条件。历史上的许多事件都与食物有着直接的联系。

在本章中，我们将探讨一系列不同类型的空间谜题。这些谜题的核心是人类为何不仅能在过去生存下来，而且变得繁荣昌盛。这就要求我们对过去自然环境的面貌保持某种别样的敏感。在这个意义上，我们得像历史生态学家那样思考。例如，我们根据非洲南部的一种特殊树木的现代分布情况，重建了 2 万多年前两个洞穴周围的环境。结果显示，当时的环境更加寒冷，树木更加稀疏，而且海岸线也更加遥远。从这个简单的例子可以看出，今天看似丰富且近在眼前的资源在上一个冰河时期却远在天边，这一历史语境对于解释洞穴沉积物中出现了哪些种类的食物非常重要。

除了认真思考古今的环境差异外，还有一个明显的考古学问题，即人们如何应对大自然对其活动的限制，以及他们如何在不同的境地中为自己争取优势。我们将从一些比较简单的模型开始，研究人们的居住地。这些模型基于这样一个事实：当人类不满足于自己当下的处境，或者看到地平线的另一头有更好的选择时，他们往往会用脚投票。随后，我们将讨论一些更微妙的策略，比如囤积食物和交友，人们往往会利用这些策略来度过物资短缺的时期。最后，我们将举例说明一些更复杂的境况，在这些情况下，极端的回报和风险会纠缠在一起。计算机模拟和建模在处理这些情况时已经证明了它们的有效性，可以帮助我们从各种可能性中筛出那些合理的场景。同时，我们还能从中获得新的线索,让我们了解未来在努力养活越来越多的人时将面临什么样的挑战。

•　●　•

　　在应对不同的环境挑战和机遇时,最明显的策略涉及对居住地的选择。因此,从研究人们在较长时间和较大范围内的居住地入手是明智之选。

　　西澳大利亚大学的考古学家彼得·维斯(Peter Veth)注意到,在澳大利亚的某些时期,考古遗址在一些被他称为"内陆岛屿"的地方出现了聚集现象。一项新研究使用了一个包含数百个放射性碳年代的数据库,根据其代表的距今 25000 年到 12000 年前的时间片,确定了 6 到 9 个一直有人生活的特定地点。研究人员研究了 2000 年范围内所有日期的分布情况,然后使用聚类分析(k 方法)找出"岛屿"。不出所料,吸引人们居住的一些环境因素与淡水的获取有关,例如夏季的大量高山融雪有助于形成庞大而有活力的河流系统。[4] 这类研究的价值在于,在调查所有看似合理存在的、可能吸引人们前往某个地区的环境因素时,我们可以将范围精确到特定时间和地点发生的事件。

　　当今考古学界一些最雄心勃勃的研究都以解决绘制人类随时间变化的分布图这一问题为目标。[5] 渥太华大学的米歇尔·A. 查普特(Michelle A. Chaput)及其同事将加拿大考古放射性碳数据库的内容——来自北美 9000 个地点的 35000 个放射性碳年代——转化为过去 13000 年间人类生活地点的时间片快照。

　　在清理了一些基本的数据后,他们必须想办法解决严重的时空偏差问题,因为这些偏差会严重影响对人口数量的估计。当一个地方的放射性碳年代报告多于另一个地方,并不是因为那里生活着更多的人,而是因为那里发表了更多的考古成果时,你会怎么做?或者,当来自同一地点的多个样本都属于同一时间段时，它们应被一并算作单一地点在同一时期的产物吗？他们还必须就选择的尺度作出一些决断。在一个尺度达到大陆地理级别的模型中，一份放射性碳年代报告能覆盖多大的区域？每张时间片快照又能代表多长一段时间？

这项工作背后所需的地理空间计算在很大程度上是由项目规模和放射性碳数据本身决定的。为了消除取样不均的情况，一个地点只能被计算一次，前提是该地区在所选时间段内至少有一个样本。如果同一地点的多个样本属于同一时期，该地点仍只能被计算一次。他们使用空间内插法（核密度分布估计）来估算整个北美洲聚居地的相对密度。他们认为，将带宽设为600千米可以较为理想地抚平数据的斑块化（patchiness），尽管报告地点的分布并不均衡，但也能公平地反映每个地区的情况。

最终，研究团队绘制了十几张"放射性碳频率人口估计"热图，每张热图都代表了500年间隔内所有确定了日期的沉积物。这些地图可以并排展示，也可以以视频的形式呈现。视频的开头显示了零星的几个觅食者聚集的热点地区，随后这些地区间的空隙逐渐被填满。在过去的2000年里，随着农耕成为人类主要的生存手段，北美大陆的东半部逐渐升温为红热。最后的地图，也就是视频的结尾，是哥伦布到来时的北美洲。[6] 在这项研究开始前，考古学家已经对其中一些模式有了大概的认识；而这个模型所做的是将这些观察结果规范化，并将它们与特定的时间和地点更紧密地联系在一起。

当我们放大观察这些人口变化在不同环境中的表现时，我们就会发现古人地点偏好的变化情况，以及他们应对气候巨变的方法。

在中国北方，伴随着从狩猎和觅食到粟耕的转变，人们的居住偏好似乎也发生了变化。华侨大学的王琳及其同事考察了向农耕社会过渡之前、之中和之后聚落周围的典型地形。为此，他们根据徒步旅行的时间，将每个聚落周围的土地分成一系列同心圆环。最小的同心圆代表仅需10分钟就能到达的区域，最大的同心圆则代表步行 2 个小时才能到达的区域。他们发现，狩猎者更偏好山麓和山区；过渡性狩猎 / 务农者偏好有河谷的山麓，这样他们就可以在尝试耕种的同时获得良好的狩猎场地；而专职务农者则喜欢宽阔的山谷，这样农田就可以随着人口的增长而不断扩张。

在中国，我们还发现了一些明显的迹象，表明土地用途随着气候的巨变也发生了变化，特别是在青铜时代的全新世最适期（Holocene Optimum），即大约 6000 年前一个潮湿而温暖的时期。[7]当时，随着包括西辽河流域在内的大片土地被用于种植粟，中国已成为数百万耕作者的家园。当全新世最适期结束时，由于季风减弱导致粟农南下，以及来自西部的放牧者和狩猎者的涌入，"人类的生存策略出现了分化，聚居地也随之扩散"。在跟踪这一转变和早期聚居地变化的过程中，地理空间模型使我们能够对可能发生的情况进行总体评估，并将其与具体的时间和地点联系起来。

另一项在美国西南部进行的新研究表明，在某些情况下，人们应对干旱所导致的粮食短缺的策略将影响他们所建立的社会网络类型。需要明确的是，这些古代社会网络并不像现代数字网络那样可以追踪到大量个人层面的联系。我们所掌握的信息至多只有邻里间共有的陶器风格，充其量只能让我们深入到家庭层面。但在研究区域层面的联系时，这些陶器风格才最能说明问题。

还有一项研究探讨了从长远角度分析，外向型群体和内向型群体何者更优。莱顿大学的路易斯·博尔克（Lewis Borck）及其同事根据发现的陶器，在亚利桑那州和新墨西哥州西部的 22 个研究区域内重建了过去的社会网络，然后统计了每个群体与外部群体的联系以及群体内部联系的数量。如果一个极端外向的群体在某种程度上避免了一切内部联系，那么所得比值为 1；如果一个群体只存在内部联系，那么比值就是 -1。当然，这两种极端情况相当罕见。随着时间的推移，总体趋势是从略微内向（-0.2）变为外向（+0.5）。

在此之外，这一比值随时间和空间的变化值得重点关注。

在一场有据可查的特大干旱中，无论聚居地的社会网络取向如何，很多聚居地都被遗弃了。尽管如此，外部取向还是对生存状况更有裨益。但也存在例外：有些群体虽然熬过了旱灾，但仍保持着较为内倾的社会网络。研究者认为，其原因可能是相对较高的人口密度、群体内部灵活的定居模式以及获得优质农田的机会。这项研究与其他气候－社会关系研究的不同之处在于，它利用了精细的数据集来量化人们在试图采取相互依存或孑然独立的态度来解决问题时存在的差异。

• • •

在我工作的太平洋岛屿上，海洋对人们养活自己的重要性怎么高估都不为过。海岸是大多数人生活的地方，如果仔细观察，就会在这里发现各种鱼类、贝类和其他海洋生物的残骸，它们来自几个世纪以来当地居民的餐桌。世界各地的海岸都是如此。

美国西北部的太平洋沿岸——俄勒冈、华盛顿、不列颠哥伦比亚和阿拉斯加等地——的考古沉积物中藏着积攒了数千年的鲑鱼大餐。当然，人们捕捉和食用的鱼类不只是鲑鱼，还包括鲱鱼及十多种其他鱼类；事实上，已经发现了一百多种各不相同的食用鱼分类群，包括杜父鱼、比目鱼、岩鱼、六线鱼、角鲨等。

我们预计，就像我们现代人一样，过去的人对某些鱼类有着文化上的偏好。我们还预计，气候变化会改变人们捕获不同种类鱼的数量。那么，人们在任一历史时期食用的鱼类由二者中的哪一个主导呢？西北太平洋地区密集分布着数十个不同的文化群体，以及多种多样的沿海微环境，这两个因素使得回答这个看似简单的问题变得相当困难。[8]

俄勒冈州的两位考古学家绘制了一张令人难以置信的地图，上面标注了大约 1 万年前太平洋西北沿岸捕获的所有鱼类。现就职于维多利亚大学的伊恩·麦基奇尼（Iain McKechnie）和俄勒冈大学教授兼俄勒冈自然与文化历史博物馆动物考古馆馆长马多娜·L. 莫斯（Madonna L. Moss）将 222 个发现过鱼骨的地点汇总到一起。对成千上万根鱼骨进行鉴定是一项艰巨的任务，是十几个不同考古实验室工作了 40 年的成果，鉴定的标本总数超过 50 万（共有 513506 根鱼骨）。

研究人员得到了一种近岸水域物种特异性热图（反距离加权，inverse distance weighted），在某些地方，某些鱼类的比例在短距离内差异巨大。例如，如果你在温哥华岛南岸捕鱼，大部分的收获都将是鲱鱼，这并不稀奇。而在不到 100 千米外的地方，也就是今天西雅图市的所在地，鲱鱼则相对稀少，只占捕捞量的不到 15%。麦基奇尼和莫斯知道，对这些来自不同地点、不同时期的所有数据进行插值并不一定能显示人们对食物的偏好，也不能告诉我们渔业的自然周期。相反，他们创建了一条显示总体趋势的基线，告诉我们在检测出结果时将观察到哪些不同，这一点至关重要。

在我看来，对太平洋西北地区的鱼骨进行的元分析是一个很好的案例，可以说明地理空间技术能够对我们已拥有大量良好位置数据的对象加以分析——在此例中，是人们捕获不同种类鱼的地点——并开始尽可能地了解彼时的人类使用何种策略来获取食物。另一个类似的案例出现在北美洲中部的五大湖周边地区。

考古学家乐于见到人们把东西藏在坑里。在坑中存放食物及其他物品是一种极为古老的做法，但并不普遍；有些时代和地点存在很多坑洞，有些则很少或者根本没有。根据逻辑推理，如果一个坑的用途与其设计意图一致（也就是说，谁挖了坑，谁就会回来收走坑里的东西），我们就不应该指望找到埋在坑里的物品。这并非什么坏消息，因为考古学家不一定要寻获被储藏的东西；我们更想知道的是，人们为什么会认为储藏是个好主意。

要了解这一点，知道坑洞的确切位置很有帮助。梅根·C. L. 豪伊及其同事利用机载激光雷达数据，尝试为人们的物品（包括保存的食品）储藏地绘制一张地图。在实地勘测中，人们曾用于储藏物品的地方如今可以看到密集的浅凹陷，这些凹陷经挖掘后显然是储藏坑。问题是，为寻找小目标而进行大面积勘测非常耗时，但那里也有天然洼地和现代人造洼地，因此遥感技术几乎总是会出现大量误报。

这项研究中，研究小组使用了一种定制的自动化程序，在密歇根州的部分地区识别出了 250 多万个可能的坑洞。显然，多如牛毛。接下来，他们根据已知地貌的大小对目标进行筛选，将地点数量压缩到合理范围。不足为奇的是，许多遗址坑都是在湖泊周围发现的，但这项研究也找到了一些考古学家此前并未积极寻找的远离湖泊的遗址坑群。这给我们的启示是，遥感技术可以为我们提供类似于实地勘测的结果，但需要谨慎应用，并对目标有充分的了解。

在这些彼此毫不相关的研究中，我们可以看到地理空间技术如何揭示古人为解决吃饭问题所作出的一些基本决策。

•　●　•

在我的孩提时代，大概十一二岁时，我迷上了 J. H. 布伦南（J. H. Brennan）写的一套名为《寻找圣杯》（*Grail Quest*）的时空旅行系列丛书。[9]这套书以亚瑟王的宫廷为背景，每本书都以梅林（Merlin）施展法术为开头，将读者的思绪带回到那个时代。与其他"选择自己的冒险"（choose-your-own-adventure，CYOA）故事书不同的是，它加入了一些《龙与地下城》的元素：对于一些关键的抉择，你必须通过掷骰子来决定是继续前进还是直面死亡。要想读其中一本书，你必须多次付出生命代价，随后重新开始。

世界上的第一代务农者在现实生活中面临这些选择，这些选择涉及一些变量，而靠狩猎、采集和捕鱼获取食物的人则无须考虑这些变量。种什么，在哪里种，什么时候种，养多少动物，养什么种类的动物，如何喂养这些动物——这些才会成为世界上许多人关注的核心问题。空间分析和遥感技术让我们得以了解古人的生存策略，但通过模拟——高科技版的 CYOA——我们才得以深入了解早期农民的基本生活。

亚利桑那州立大学的 C. 迈克尔·巴顿（C. Michael Barton）在地中海景观动力学项目（Mediterranean Landscape Dynamics project，简称 MedLanD）的计算机模拟中，"创造"并"杀死了"数千甚至数百万数字农民。但需要明确的是，该项目的目标"并非以计算机模拟人类的过去来取代叙事散文"，也非试图完美地再现过去。模拟的目的是揭示哪些潜在因素减少了成功解决方案的数量。

MedLanD 项目团队在探索人类土地利用与自然环境之间的动态关系如何影响历史进程的过程中具备一些优势。他们先获得了高质量的地理空间数据，具体而言，是影响水土流失易感性的环境变量（如土地坡度）分布，以及位于地中海两岸的约旦（瓦迪哈萨）和西班牙（佩纳吉拉）两个研究区域内不同规模聚居地的位置。

遗址的位置信息和当地环境实况是本次实验中的自变量。与任何实验室实验一样，MedLanD 项目团队知道，他们必须能够对因变量进行调整，例如耕作方法和播种对象，以了解不同条件下会产生的长期影响。为此，他们编写了可在开源地理信息系统（QGIS）中运行的模块，并利用了 MaxEnt。

与早期闭门研究的学者的猜测不同，MedLanD 项目的结果阐明了农民可能作出的基本选择及其具体后果。[10]例如，在瓦迪哈萨，基本上有三种举措能够保证农业社区不至于直接撤离该地区：第一种是维持牧群规模，从而避免密集型耕作和放牧使环境陷入土壤单向螺旋式退化；第二种是允许牧群规模不断扩大，但同时增加牧场的土地投入，也是为了防止对环境的需求不断增加导致的螺旋式退化；第三种是投资基础设施，以抵消土地密集使用带来的影响，如梯田和灌溉设施。

地中海是人类历史发生重要转变的舞台。因此，我们有必要真实还原那里的人在不同时期采取的不同策略。建模告诉我们，在一个人的有生之年，这些选择对环境造成的影响是可以察觉的。这表明，虽然在这种"选择自己的冒险"故事中只有寥寥几种生存手段，但它们都是切实发挥主观意志的选择，而不仅仅是被自然力量裹挟的历史。

尽管如此，也有充足的证据表明，从长远来看，即使是一些上例中的近邻，在某种程度上也不得不受到土地供养能力的影响。亨德里克斯学院的 J. 布雷特·希尔（J. Brett Hill）在约旦研究村庄的世代迁移，他发现在自己所研究区域的北部，人们会在离之前居住的村庄不远处建造新的村庄。与此相反，在南部，人们有时会放弃一些地区而彻底重整，这在很大程度上是由环境条件决定的。

· ● ·

夏威夷群岛位于北太平洋中部，与世隔绝。直到公元 1000 年左右，人们才发现夏威夷群岛并将其作为自己的家园。数百年来，第一批波利尼西亚定居者的后裔不断增加，最多时可能接近 50 万。为了养活不断增长的人口，并满足社会统治阶级对剩余产品的需求，土地耕作随着时间的推移变得越来越密集。到 1778 年第一次与西方人接触时，山谷已被改造成灌溉水田，用来种植大芋头（读者可能从名为 poi 的菜肴中了解过这一作物），岛屿上的大片土地都种植了甘薯等仅靠降雨浇灌的作物。

现今夏威夷原住民卡纳卡毛利人的祖先"发明"了名为国王和王后的统治者身份——或者从世界历史的角度看，他们"重新发明"了国王和王后。在社会结构发生巨大变化的同时，人们的饮食方式也发生了变化。我们可以通过不同自然条件的限制和机遇对各个岛屿政治历史的塑造，了解食物与社会间的关系。

奥克兰大学的考古学家瑟根·N. 拉迪福吉德与一个跨学科团队一起，以与地中海地区的模拟项目（见前文）类似的手段对人类与环境的动态关系进行了调研，他们想知道农民到底可以在哪里耕种。虽然这并不是一项简单的任务，但掌握有关哪些土壤具有精耕细作所需的养分以及其他环境变量的数据无疑降低了它的难度。

通过综合有限的考古实地调查、航空照片和历史记录等粗粒度信息，精耕细作地点的预测模型与大型综合田地系统和主要种植区的位置高度吻合。更多详细的环境数据有助于完善这一模型，但这一模型已经可以足够完整清晰地展示岛链两端集约化耕作潜力的不同。在考艾岛，人们几乎完全依赖灌溉的山谷，而该岛并不以发动与邻国的战争而闻名。夏威夷大岛则恰恰相反：作为一座以内战外征闻名的岛，大部分食物都来自岛屿干旱地区的大规模田地系统。

夏威夷大学马诺阿分校的帕特里克·V. 基尔希在他的著作《湿与干》（*The Wet and the Dry*）中指出：在许多太平洋岛屿上，环境风险与政治行动之间的预期关系是颠倒的。你或许会认为，拥有能生产更多粮食的田地的酋长或国王会在与邻国的竞争中占据优势。但正是那些继承了少有或全无灌溉机会的土地，因此在干旱来临时容易遭受重大损失的人，最有可能拿起武器，试图让自己坐上统治者的位置，从而将邻国的良田纳入领土。

在预测模型告诉我们人们可能在哪里进行耕种之后不久，激光雷达勘测证实了这一预测，同时还揭示了他们的耕种方法。在太平洋岛屿上进行的首次机载激光雷达考古调查飞越了一个叫科哈拉的地方。勘测目标是：废弃的农田。卡内基机载天文台台长格雷戈里·P. 阿斯纳（Gregory P. Asner）操控飞机在夏威夷岛北端上空来回穿行。阿斯纳是一名遥感专家，曾利用激光雷达研究全球范围内的人类土地使用、生态和气候变化问题。他曾多次驾机进行生态调查，但没有进行过考古。

我与阿斯纳的第一次见面是在 2008 年希洛市的一场卢奥宴会上。[11]我与瑟根·N. 拉迪福吉德一边大口吃着烤叉上的卡鲁阿猪肉，一边向他论证机载激光雷达将成为考古学的下一个革命性突破。我再次见到阿斯纳是在他斯坦福大学的计算机实验室里。他已经完成了飞行勘测，但由于岛上的大风把飞机吹得颠簸不断，飞机在飞行过程中差点坠毁。现在，从这些来之不易的数据中提取考古信息的任务落到了我们头上。通过创造性地从激光雷达数据中提取个别特征，我们精确确定了人们建造农场的地点以及建造方式。这张农业基础设施地图覆盖面积近 240 平方千米，与首次对玛雅城市卡拉科尔进行激光雷达勘测的面积相当。

在岛屿的迎风面，亦即迎着信风、降雨量最大的那一面，我们可以清楚地看到狭窄的山谷中开辟了几十块灌溉田——这些灌溉田之所以清晰可见，是因为梯田中心较为平缓，边缘相对陡峭，从而产生了光晕效应。激光雷达捕捉的极致细节还使我们能够一并绘制田地旁边的大片区域：那里有着长长的灌溉沟渠，从而使耕种面积得到了扩大。

在背风的一侧，科哈拉山脉的雨影中，农民们建造了数百千米长的低矮防风墙，以防止农作物被顺着山脉冲向大海的信风摧毁。机载激光雷达让我们看到了这些地貌的密度，这是评估田地被废弃时状况的一项指标。结合干旱期的环境记录以及新的田地和房屋的放射性碳年代数据，我们可以清楚地看到，随着食物需求的增加，人们开始冒越来越大的风险。

如果"社会和经济正因加速发展而承担更多风险"这种情况听起来似曾

相识，那就让我们将目光转回玛雅。

• ● •

模拟手段在考古学中最有用的场合之一，是帮助解释我们在地理位置数据中发现的时空模式。

MayaSim 是一个演示古典玛雅社会兴衰的代理人基模型（agent-based model）①。在这个模型中，代理人是一个个聚居地，随着代理人的发展及其与环境和邻居的互动，有很多东西会发生变化。该模型有两大类可加以调整的要素，即生物物理因素和人为因素。生物物理因素包括气候、水文和土壤。人为因素包括人口数量、农业和贸易。在这个数字世界中，时间的单位是"步"，在大约第三四百步时，有趣的事情发生了。人们开始在风险较高的地区耕作，森林被砍伐，土壤退化。不久之后，地图上的文明就从看起来健康、繁荣变成了崩溃，一如闻名于世的玛雅崩溃。

模拟结果十分接近以太空视角俯瞰的玛雅崩溃场景，或者像电脑游戏《席德·梅尔的文明》（Sid Meier's Civilization）某个版本中演示的场景[12]。但这并不是唯一的结果。当人口增长和土壤管理经过调整后，崩溃就变成了一次较小规模的重整，由此印证了这些才是关键变量的观点。计算机模型如 MayaSim，正被越来越多地用于建立数据与证据之间的联系。随着机载激光雷达的成果被转化为勘测比例的数字地图，我们开始能够获取在考古学中常规使用计算机模型所必需的数据类型。[13]

基于大量详细地理空间数据的模拟——既有考古方面的，也有环境方面的——正不断提升我们所作出解释的确定性。尽管如此，我们还是难以摆

---

① 也作"基于主体的模型"。——译者注

脱零散证据带来的不确定性，以及我们在创造历史叙事时几乎无穷无尽的选择。

• • •

通过地理空间技术，我们有无数种方式来了解过去的人们是如何获取食物的。我们可以研究他们选择定居的地点和选择离开的时间；选择储存食物的时间和地点；何时向邻居伸出援手，何时走上更为自力更生的道路；农民们如何努力平衡食物的供需，以及应对耕作给生态系统带来的压力。随着我们的数据集不断扩充，在研究人们如何应对自然环境对其行动的限制时，我们可以不再局限于经验观察，而是考虑他们如何在特定的时间和地点利用自己面前的机会。

正如生态学家试图利用计算机模拟来了解生态系统相互关联的运作方式一样，今天的考古学家也越来越多地利用建模来告诉自己，在众多貌似合理的解释中，哪种解释可能与数据集最为相符。我们获得的知识对于了解历史进程非常宝贵。有些人认为，这些知识让我们真正预知未来。毕竟，1000年前农民在小规模生产中面临的问题，即把产量提升至极限甚至突破极限所带来的回报和风险，今天正在全球产业范围内重演。

下一章，我们将探讨历史的另一个基本要素：古代社会。如今的考古学已取得令人振奋的进展，我们对当今社会的前现代根源的了解越来越深入，对过去生活的进一步探索也在不断推进中。

— 第八章 —
昔年此地：古代社会的逆向工程

我们知道，过去的生活与现在有很多不同。无论大小，无论好坏，随着旧一代人的老去和新一代人的到来，我们很难忽视自己社会中的变化。我们可以在资料中读到几个世纪前的生活，当时的社会规范和理想与现在是如此不同，以至于有如异国他乡。[1]但更加遥远的过去呢？我们是否有希望一窥数千年前社会的样貌？

我们的老朋友 V. 戈登·柴尔德是试图逆向研究古代社会的先驱之一。柴尔德注意到，在大约 6000 年前开始的新石器时代革命之后很久，一些新事物开始涌现：世界上最早的城市；工匠、士兵、祭司等不同职业阶层的萌芽；真正令人印象深刻的纪念性建筑；复杂的远距离贸易网络；文字；征收剩余粮食作为税收或贡赋；由神圣化的君主（国王或王后）对人民行使权力，而非仅仅通过亲属关系组织起的权威。他将这些变化统称为"城市革命"（Urban Revolution）。

亚利桑那州立大学的考古学家迈克尔·E. 史密斯（Michael E. Smith）指出，"城市革命"的概念经常被误解，而这些误解又会产生连锁反应。最大的误解可能是，"城市革命"与城市无关：它涉及"一系列相互关联的变化"，这些变化最终导致了最早的国家社会的诞生。换言之，我们的目的在于对社会阶层变得更加等级森严、更像今日世界的过程进行反推，而城市的建立只是反向推演的其中一环。

我们正经历着伦敦大学学院的安德鲁·贝文（Andrew Bevan）提出的"数据洪流"。呈现在我们面前的是"大量涌现的有关人类过去的新证据，它们多数时候是数字化的证据，经常以空间数据的形式出现，开放程度越来越高，而且往往来自遥感探测"。这些数据大部分来自古城及其腹地不断增加的地理空间数据——数十年实地考察、发掘和遥感探测的积累。本章的前半部分将重点讲述这些新地图告诉了我们哪些信息。我们所掌握的信息远比柴尔德定义"城市革命"时掌握的信息要多，但同样重要的是，要认识到，坐拥更多、更丰富的位置数据并不能立即产生知识。[2]

废弃的古城很美。人们关注的重点往往是城市，而不是建造城市的社会，这完全可以理解。问题在于，"仅凭常识对过去妄加猜测"和"不加批判地将现况进行外推"的做法大行其道，而"对遥远的过去人们究竟做了什么以及他们是如何安排自己的事务的经验性说明"却时常缺席。[3]其中一些推测来自对城市和纪念性建筑空间布局不加批判的解读。当考古学家绘制出井然有序的街道地图时，解读者往往假定这种秩序一定反映了君主的权力。同样，大型纪念性建筑也被假定为一名拥有成千上万顺从者的强大专制君主存在过的明证。这些解释中的一些经得起检验，但更大的问题是，如果我们的思维太过狭隘，就只能创造出一幅与漫画无异的历史图景。[4]

本章的后半部分将探讨考古学家如何尝试还原身处一系列不同地点的体验，从纪念性建筑到防御工事、农场乃至房间内部的一切。如果在本章结束时，你对考古学家们作出的某些解释持怀疑态度，那你就与我们不谋而合了。考古学家们在如何将自己的想法转化为衡量标准，并将这些衡量标准与人们如何体验世界联系起来的问题上，一直存在分歧。地理空间技术非常有用，它为我们提供了在模拟地图时代无法想象的工具；但它同时也提供了一个我们尚未发现其极限的平台。

考古学家之所以试图对古代社会进行逆向构建，或者弄清楚人们如何体验过去的生活，而不是把精力集中在那些看起来更直接明了的研究课题上，原因有很多。例如，作为一门社会科学，我们对过去的推断理应具有某种权威性，因为我们对过去的了解比其他学者更为全面。伴随着这种权威性，我们要尽可能全面重现历史。如果我们做不到这一点，我们就会失去这种权威性，并在不知不觉中创造历史的空白地带。说得委婉一点，这是一种糟糕的科学研究，同时也是当考古学中的人文视角警示我们将人性从历史中剥除的危险时，我们应当虚心倾听的原因。熵和等终性的力量使得解释永远具有不完整性和模糊性，而我们所书写的人物也极易被抹去人性。在我看来，最好的逆向工程是在过去的历史中加入真实的人物。

· ● ·

对人类社会变化的认识，在很大程度上取决于对不平等的认识。不平等是一个社会向国家社会转变的核心。那么，我们最初是如何知道古代社会存在不平等的呢？当然，各地的情况不可能完全一样。既然并不完全相同，那么我们又该如何对相隔数千年、位于世界不同地区的社会加以比较呢？

基尼系数是衡量群体间经济不平等的一个指标。它以其发明者科拉多·基尼（Corrado Gini）命名，用图形和数字指数来表示现代世界财富的相对分配情况。"不平等"在基尼系数计算中意指任何一个群体偏离完全平均的财富分配的程度。举例来说，如果在一个群体中，每个人都拥有相等的财富，在比较他们的收入时，这些收入将与该群体的总收入成比例（例如，在一个有 1 万人的群体中，每个人的收入都会是总收入的万分之一，即 0.01%）。

　　由华盛顿州立大学的蒂姆·科勒（Tim Kohler）和迈克尔·E.史密斯带领的一组考古学家测算了古代世界的基尼系数。这种方法不需要任何特殊的地理空间技术，只需测量房屋的地基即可。所有房屋的面积总和被视为等同于总收入，从而为考古学家提供了一种在多个空间和时间尺度上测算不平等性的方法。世界上很多地区——南美洲、非洲、南亚和大洋洲——尚未使用这种方法进行深入研究，但现有的研究结果表明，旧大陆和新大陆的发展轨迹存在显著差异，前者趋向于更高的不平等水平，而后者很少见。[5]

　　我们有充分的理由相信，更多、更大、更详细的古代城市景观建筑数据库不仅能告诉我们财富的分配情况，还可能告诉我们财富的深层来源。在中美洲工作的普渡大学考古学家理查德·E.布兰顿（Richard E. Blanton）和莱恩·F.法格（Lane F. Fargher）利用多种证据，论证了两条截然不同的权力途径在古代城市布局中留下的印记。

　　一条途径是威权主义。在这种情况下，国家由一个强大的君主领导，其财富来自对资源和贸易的垄断，因此关于城市布局和运作的决定无须反映人民的需求。墨西哥中部的特诺奇蒂特兰城就是一个典型的例子。它的祭祀区和宫殿都位于市中心，所有主要道路都经过市中心，因此对居民的出行造成了一定障碍。

　　另一条途径也有一个强大的领导者，但这个领导者依赖税收，因此必须在某种程度上克制自己的专制冲动。这些国家并不完全是民主国家，也不是社会主义集体，但其领导力得自对人民意愿的解读和回应。同样是在墨西哥中部，特拉斯卡拉城与它的威权主义邻邦截然不同。在特拉斯卡拉城，公共空间遍布城市各处，而王宫则毫不起眼地坐落在城市边缘。

　　保护考古遗址有很多很好的理由，但这些截然不同的国家权力实例所体现的理由是，有必要为过去人们的多种不同组织形式建立一个档案库。令人担忧的是，如果我们今天选择保护对象的范围过于狭窄，可能会在无意中为后代将历史锚定于某个特定的版本上。理想的情形中，通过更广泛地推敲我们所保存的事物，考古学将处于"一个独特的位置……预示着未来对政治组织的理解，这种政治组织不会强化或加剧社会不平等"。换句话说，因为我们知道未来的人们也势必会对遥远过去的政治感到好奇，所以我们可以选择保存那些能够展示祖先在塑造社会结构上表现出的非凡创造力的遗址，而不仅仅是为国王和王后所建的纪念性建筑。

•   ●   •

随着有助于更真实地反映过去生活的数据集的上线，我们开始了解古代城市的运作原理。一些最优质的案例来自用于创建玛雅地区城市和乡村景观的大型连续 GIS 数据集的机载激光雷达。

杜兰大学的考古学家马尔塞洛·A. 卡努托（Marcello A. Canuto）、波士顿大学的弗朗西斯科·埃斯特拉达－贝利（Francisco Estrada-Belli）和伊萨卡学院的托马斯·G. 加里森（Thomas G. Garrison）及其同事绘制了迄今为止最大的一幅玛雅低地地图。该地图只覆盖了该地区 2% 多一点的面积（95000 平方千米中的 2144 平方千米），但这使研究团队绘制出 61480 个建筑：从寺庙和道路到防御设施、住宅和农田系统，应有尽有。

考察在十几个不连续的区块中展开，有些区块包含像蒂卡尔这样的大城市，有些区块则几乎荒无人烟。这实际上是一个巨大的优势。由于获得的数据更有可能成为反映整个地区的代表性样本，因此它们可以用来推断一些趋势，就像现代人口调查虽然只对少数家庭进行访谈，但却要从不同的地理区域、经济阶层和民族群体中随机选择一样。

利用这些数据，研究小组对土地进行了滑动尺度分类（sliding scale），从城市核心区域（每平方千米发现超过 300 处建筑）到城区（每平方千米 150—

300 处），再到郊区，或者用他们的术语来说即"近郊"（periurban，每平方千米 60—150 处），再到乡村地区（每平方千米少于 60 处），最后到几乎没有任何居住或其他活动迹象的空地（每平方千米少于 10 处）。他们获取这些数据并进行细分，得出了农田与居民数量的比例。意料之中的是，市中心地区没有足够的田地来生产养活居民所需的粮食。但是，紧邻城市中心的城区和近郊却有能力生产出远超当地居民生存所需的粮食。这有力地证明，距离城市中心一天脚程内的农民必须生产出足够维持城市运转所需的剩余粮食。

我们有充分理由认为，这些城市依赖于一个规模更大但鲜为人知的综合系统，以维持郊区和城区的粮食供应。在考察的区块中，城市化程度最高的四个，即使将所有可能的粮食剩余都转移到需要的地方，仍无法满足全体人口的生存所需，超出了每个区块内农田承载能力的 50% 到 125%。在大多数城市所在的东部抽样地区，即使是那些城市化程度不高的区块，经计算其人口也达到了饱和状态。相比之下，西部调查区块的大片土地能够生产当地需求总量 3 倍甚至 6 倍的粮食。

当然，食品保障只是一座城市成功运转的要素之一，但值得注意的是，即使是玛雅人的古代城市扩张，也没有完全解决人口过量这一固有问题。鉴于考古学家可以广泛接触到数千年来发展得成功或不太成功的城市，一些人认为我们可以为城市规划作出很多贡献，古代城市应该成为可持续发展研究的中心。的确，城市要么是人类创造的最不可持续的事物，要么是最可持续的事物，这取决于讨论者的视角。一些城市被遗弃，而另一些城市的存续时间则远长于建造它们的国家。[6]

• ● •

柬埔寨的吴哥窟就是一座令人惊叹的废弃古城。[7]吴哥窟是高棉帝国鼎盛时期的首都，直到公元 15 世纪的某个时候高棉帝国灭亡。大约在 13 世纪，吴哥窟向四周扩展，占地超过 1000 平方千米，位于东北部的山脉和西南部的湖泊之间。横穿该地区的天然河流和溪流被引流到灌溉田地的运河中，并为城市中心巨大的长方形水库提供水源。这套人工管控的水利系统也是寺庙建筑群的一个组成部分，这一点可以从位于中心寺庙南侧的吴哥窟寺庙建筑群的布局中看出来。

对吴哥窟及其周边地区的调查用上了几乎所有可用的遥感技术。这是有道理的。研究区域的面积很大，而且柬埔寨的未引爆地雷问题十分严重。大吴哥项目（Greater Angkor Project）负责使用机载激光雷达进行最新的遥感探测工作。2012 年，该项目勘测了 370 平方千米，如今获得的数据已覆盖了 2230 平方千米，其中包括城外的大片山脉和周围的小型居住区。

与其他大型机载激光雷达项目一样，大吴哥项目的成果仍在不断涌现。不过，有三方面的进展已经显而易见。首先，现在的城市地图的质量超过了以往任何时候。建筑、道路、运河、水景、寺庙等的遗迹都被详细记录在地图之中；由于研究成果分散在多项研究中，可能很少有人能窥见这一技术成就的全貌。[8]

其次，寺庙建筑群内的发掘工作为我们提供了明确的聚落密度指标，而这些指标又可与更大范围的 GIS 地图联系起来。新的研究表明，"寺院曾是高密度的居住区"，而不是像今天看起来"空旷"的神圣场所。一个寺庙群可以容纳数千人，其密度为每平方千米 900～3500 人。这听起来似乎摩肩接踵，但实际上，它与现代休斯敦（每平方千米 1300 人）的人口密度相当，而非巴黎（每平方千米 20000 人）。

最后，对吴哥水利工程的测绘为这座城市的废弃找到了一种可能的原因。一个关于水利系统运作方式的计算机模型显示，在建设高峰期，在较高海拔区域，从河流和溪流中汲水的上部非常脆弱。作者指出，该系统的下游——那些与寺庙毗邻的美丽运河和巨大的水库——可能是罪魁祸首，因为该系统的大部分是围绕美学目标设计的。

正如加利福尼亚大学洛杉矶分校的考古学家莫妮卡·L. 史密斯（Monica L. Smith）所指出的，6000 年前世界上第一批城市的诞生标志着古代社会发生了变化，而我们现在对这些变化的认识是柴尔德无法企及的。我们可以观察城市内部和周围的变化，而不是仅把这些城市当作地图上的点。接下来，我们将详细介绍考古学家是如何利用地理空间技术来模拟探访过去的情景的。

•　●　•

在重建过去的过程中，考古学家希望尽量准确、忠实地再现历史。我们希望它是真实的。创造一个真实的过去之所以重要，不仅仅是出于科学的原因：这也是对剥离了人性的过去的明确拒绝。

考古学家解决真实性问题的最佳范例之一，利用了 GIS 软件包中广泛使用的一种工具——可视域（viewshed）。要使用该功能，只需一张代表地表的 DEM 栅格图层和一个代表位置的点。如果要求 GIS 计算可视域，它将返回一张地图，显示在理想条件下从那个点可以看到的所有地方。[9]若只是为了获得最佳景观，比如找出在哪里建造房屋可以获得最佳视野，那么使用这件工具不会带来任何问题。但是，可视域一直有一系列常识性问题等待考古学家解决。[10]

在按下 GIS 软件中“可视域”按钮的那一刻，使用者实际上作出了许多假设。我并非第一个指出这些假设的人，其他考古学家也十分清楚这些假设。简短罗列于下：假定观看者有着确定的身高，却忽略了身高与之不匹配的人和坐着的人；假定每个人都有良好的视力，却忽略了很多人在某些距离上视力不好或根本看不见；假定地形是阻挡视线的主要因素，却忽略了树木、建筑物或雾等非地形因素；假定可见度是二元的（看见或看不见），而没有区分近处的景物和远处的景物；假定观察者一直处于静止状态，而没有考虑到当我们走动时，视线会随时发生变化。

在前文巨石阵的叙述中提及的克里斯托弗·蒂利，甚至反对所有试图用数字重建人们过去经历的尝试——比如各种会用到"可视域"按钮的研究。他认为这种方法从一开始就注定失败。蒂利更喜欢亲临现场的方式。这样，他不仅能运用视觉，还能动用所有感官来评估每个地方。

莱斯特大学的考古学家马克·基林斯在认真考虑蒂利的反对意见后，提出了一些可能的解决方案，包括从对可视域的狭隘应用转向对感知周围世界的更广泛研究。他借鉴了心理学家詹姆斯·J. 吉布森（James J. Gibson）的研究成果，认为周围环境的某些特性塑造了我们及其他动物观察和游历特定地点的方式。

基林斯对康沃尔郡 5 处小型岩石景观及其周围地貌进行了深入研究。考古学家认为，这些小型"巨石"可以说被有意建在自然隐蔽的地方。为了测算这些地方的自然可见度，基林斯进行了超过 15 万次可视域计算，耗费了 1000 多个小时的计算机处理时间。结果发现，这些地貌"既没有突出的视觉效果，也没有任何被掩盖、隐藏或故意藏在视野之外的迹象"。基林斯还强调了该地区常见的地形特征，如自然排水沟的围挡，以及它们对于我们感知世界造成的特殊影响。他的研究指明了进行此类分析实际上将面临的技术阻碍，即研究区域的大小限制和进行不同的有效迭代的次数限制。

范德比尔特大学的史蒂夫·韦恩克及其同事充分发挥实地记录和空间分析技术的优势，研究了 16 世纪 70 年代西班牙当局强制迁移一部分安第斯山脉原住民而建立的城镇。西班牙殖民政府为 100 多万原住民建立新定居点时，目标非常明确。但关于这些城镇的生活状况，以及它们与以前在相同地点建立的聚居地之间的关系，我们所知甚少。

殖民时期的马丘·拉克塔位于安第斯山脉的高处，面积不大，约 11 公顷，17 世纪初人口约为 1000。它在 19 世纪 40 年代被遗弃，如今这座空城非常适合航空勘测，因为建筑物和街道的轮廓清晰可见。韦恩克和他的团队尝试了多种不同的方法——包括无人机和气象气球——经过反复试验，他们终于创建了一个高分辨率的逼真三维模型，每个像素代表地面上 4 厘米的距离。

随后绘制的遗址地图分辨率同样很高，上面有 479 座建筑的遗迹，包括 1 座主教堂和 14 座小教堂，还有广场和街道。实地检查结果确认了一些细节，如门洞的位置，以及根据残留的墙壁推测的建筑物可能高度。绘制如此详细的地图是一项壮举，但并不是最终目标：这只是第一步。

当我第一次看到韦恩克及其团队绘制的超精细地图时，我想起了亨利·戴维·梭罗（Henry David Thoreau）的《瓦尔登湖》（*Walden*）。《瓦尔登湖》有如一部反向的旅行小说：读者在书中可以深入了解梭罗生活的小镇，"我在康科德曾到过许多地方"就是最好的例证。团队基于马丘·拉克塔的布局，在建筑物门口和其他目的地之间模拟了 196806 条不同的路线。据此，他们绘制出了一份人流量报告，报告中的热点区域是人们在小镇上旅行时更有可能去的地方。接下来，他们又绘制了一张地图，标明了行人从这些人流密集的地方可以看到哪些建筑和空间。在城中，人们能看到的都是有着宗教建筑的区域，这一点从小镇的历史来看也许并不奇怪。

这项研究与其他单纯的关于移动或视觉的研究的不同之处在于，它并未利用地貌和位置来断定人们可以或无法获得何种体验，而更像是一种计算机模拟，旨在揭示城镇规划中潜在的社会工程应用。

可视域研究的另一热门对象是防御工事。这些防御工事是完美的研究目标，因为它们被固定在地形上；而且我们可以假定，在决定这些防御工事建造位置的过程中，对威胁的感知能力是一个重要因素。但是，并非所有的堡垒都千篇一律。因此，当考古学家发现废弃的堡垒时，必须停下来问问自己哪些建造策略是显而易见的，又有哪些因素可以对防御工事的选址和形式作出解释。

安德鲁·马丁代尔和基莎·苏伯南特设计了一种方法，用于评估具有防御性的自然地点的防御能力。他们研究了紧邻防御工事的区域可被观察到的面积，以及哪些方向对进攻部队来说是可利用的。他们取得了振奋人心的成果，但也遇到了与其他可视域－遗址位置研究相同的问题：在同一地点内，不同的位置有着不同的防御能力。

在防御工事之外，加利福尼亚大学圣克鲁兹分校的考古学家伊莱恩·沙利文（Elaine Sullivan）展示了研究者对建筑师意图的敏锐洞察如何能产生非凡的成果。在对埃及孟菲斯城附近的卡纳克古迹建筑群的研究中，她对建筑结构进行了三维重建，从形状和视角等各个方面研究建筑内部各处的可见性。她在不同软件平台间传输数据，花费了大量精力，但最终还是建立了一个从孟菲斯城视角观看卡纳克的沉浸式重建模型。事实证明，后期的建筑师们在靠近城市的地方建造了金字塔，这些新金字塔会遮住较早的金字塔，尽管后者的规模要大得多。

科隆大学考古信息学教授埃莱夫塞里娅·帕里欧（Eleftheria Paliou）和她的同事将可视域计算方法应用于对青铜时代晚期建筑物内部的研究。希腊圣托里尼岛上的阿克罗蒂里与更著名的庞贝古城遗址一样，在一场火山爆发中被掩埋，因此可以复原建筑物的内部布局和其中的一些壁画。帕里欧和她的同事为其中一个房间绘制了一幅壁画的密度图，该密度图与壁画在房间不同位置的可见程度相对应。[11]壁画经常被房间布局遮挡的部分只能在少数几个地方看到，而其他部分则几乎随处可见。他们还借此得出了这一评估的反向结论，显示在房间里哪些地方最适合观看壁画的整体构图。

为了更准确地评估人们对不同地方的体验，研究者开始努力着眼于其他感官，包括听觉、味觉和嗅觉。听觉是这些感官中最发达的一种，对它的研究被称为"考古声学"（archaeoacoustics），在我看来，这听起来像是民谣三重奏乐队的名称。

只要有一些假设条件和目标区域的三维模型，便可以在地理空间中对声音进行建模。例如，纽约州立大学奥尔巴尼分校的克丽丝蒂·普里莫（Kristy Primeau）和纽约州立大学布法罗分校的戴维·E. 威特（David E. Witt）使用了一种为模拟人类噪声对野生动物的潜在影响而开发的工具——在找出工厂噪声对哪里的干扰最小时，这件工具非常重要——并用它绘制了查科峡谷的某种声音地图。他们此前知道，那些大房子是举行包括吹奏海螺号角在内的仪式的中心，任何附近听力正常的人都将不可避免地接收到这些声音。但对周围更远处的其他人而言，有多少人能在环境声之上听到大房子里传来的声音，仍是未知数。研究结果表明，如果吹响海螺号角，整个查科峡谷的人都会听到。

视觉或听觉是一回事，但味觉又该如何回溯呢？一个研究小组通过绘制所谓的"风味景观"（flavorscapes）地图来重建味觉体验。他们从伦敦周边发掘现场的大量数据入手，这些数据可追溯到罗马早期和晚期，彼时伦敦还叫作伦丁尼姆。在这段时间里，我们开始看到来自不列颠群岛以外的50多种新植物性食物传入的证据，其中大部分是水果，但也有香草和蔬菜。自然，在位于城市中心位置的地方，这些外来植物的多样性更高；这也许并不奇怪，因为这些植物在当时是非常罕见的。这项研究随后解释了"风味景观"随时间推移而发生的变化，因其与更广泛的古罗马经济状况有关。

气味呢？我们真的能闻到过去的味道吗？如果可以，我们真的想闻吗？增强现实技术和创客世界（maker worlds）答道："接受挑战。"伦敦大学学院的斯图尔特·伊夫（Stuart Eve）首先制作了一个应用程序，让你从平板电脑摄像头的视角看到遗址的重建情况，然后又尝试在同样的空间中呈现过去的气味。原型气味盒会根据你在遗址中所处的位置散发出预设的气味。你可能会问，这些气味从何而来？有一家名为 Aroma Prime 的公司（前身是 Dale Air）会出售 300 种香味中的任何一种香型，如烧烤味、脏亚麻布味或农家院子味。想闻青铜时代绵羊的气味吗？或许有人会说"为什么不呢"，也有人会说"不，谢谢"。不管怎么回答，这项技术已被开发出来了。

·　●　·

在多年的调查、发掘和分析中积累的古代社会的蛛丝马迹，如今已发展成为不同时代和地点的丰富传记，这在一定程度上要归功于地理空间技术。古代城市既是展现人们在政治组织上创造性的场所，也在一定程度上成为环境可持续发展的天然实验场。考古学家已积累了一些经验，了解了如何通过使用可视域等 GIS 工具，以及如何通过将这项功能扩展到我们的所有感官，创造出一个越来越真实的古代世界，进而使人身临其境地体会过去的人曾有的体验。正如本章开头所说的那样，如果你对其中一些解释持怀疑态度，那你就与考古学家们不谋而合。但是，如果你认为这类研究本身就超出了考古学的范围，那就大错特错了。将这一切从考古学中排除出去，最终必将导致人性在历史中的剥离。

在本书的最后一章，我们将回到一切的起点：历史好奇心。现在，读者想必已对地理空间技术的功能有了很好的了解，也知道了考古学家们如何利用这些技术来追溯古人如何迁移、如何养活自己，以及在他们的时代和社会中生活是一种什么体验。但是，这种技术带来的好处并不均衡，仍有一些时间和地点比其他时间和地点获得更多的关注。于是，下一个问题便自然而然地产生了：如何利用这些技术来扩展我们的历史好奇心？

结语

— 第九章 —
作为时间机器的考古学

　　一个多世纪以来，虚构的时间旅行故事一直以回到遥远过去的可能性诱惑着我们。物理学研究，或许受过这些故事的部分启发，告诉我们这在理论上是可能的。斯蒂芬·霍金（Stephen Hawking）曾做过一次著名的尝试：为时间旅行者们举办了一场派对，以确定我们是否会在未来发明一台可以工作的时间机器。作为实验的一部分，他在邀请函上隐去了日期和地点，直到整场派对结束。没有未来的时间旅行者来参加这场派对。对于任何对时间旅行的发明抱有希望的人来说，这不是一个好结果。

　　考古是最接近回到过去的方式。虽然可能无法真正将我们带回过去，但它是一种绝佳途径，能很好地激发我们对古代世界真实面貌的好奇心并作出猜测。但遗憾的是，我们对这台"时光机"的应用尚不充分。在为撰写本书做调研时，我找到了考古学家在世界各地应用地理空间技术的成千上万个优秀案例。事实上，我撰写本书的主要动机之一，就是想阐明我们如何创造和解释所有这些诞生自新技术的数据。然而，在读了越来越多的书之后，我痛苦地发现，只有少数时间段和地点吸引了大多数人的关注。二十年前，当地理空间技术还只是考古学中一个规模较小的高科技领域时，这还不是什么大问题。但在地理空间革命之后，关注度就变得非常重要了，原因有很多，特别是这些技术已成为考古学的某种基本必需，而且它们产生的数据并不能为自己发声。

为什么我们给予的关注如此不均衡？自然，一些地区和历史时期由于吸引了地理空间技术的早期应用者进行研究而抢占了先机。但在我看来，这是一个开放性的问题，针对不同的地方可能会有不同的答案。相比之下，我们更可以确定的是其导致的连锁反应：历史沉默（historical silences）。人类学家米歇尔－鲁尔夫·特鲁约（Michel-Rolph Trouillot）将"历史沉默"定义为因不符合正统历史叙事而被省略、忽视和否认的时间、地点和事件。换句话说，就是历史故事的空白。考古学家肩负着为前文字时代的生活建立数字档案并对其进行解释的双重责任，这使得我们很容易在叙述中无意间留下空白。而且，当这件事发生时，在当前的海量数据面前，又有谁会注意到这些空白呢？

我相信，我们有可能利用这些技术更好地重述过去，不仅仅是少数地方的历史，而是所有地方的历史。在这一点上，我已经谈了很多技术的用途，以及它如何让考古学受益。在本章中，我想谈谈我一直想向所有人传达的三个事实。这三个事实能让我们更好地利用考古学这台时间机器。

•　●　•

在具体谈论这三个重要事实之前，我想花一点时间谈谈当考古学家说"不知道"某些事情时，究竟意味着什么。不列颠哥伦比亚大学的科学哲学家艾莉森·怀利（Alison Wylie）写过一篇优秀的文章，论述了考古学家是如何处理这种未知情况或不予处理的。她在文章中指出，未知是一个"关乎不确定性和不完整性的问题"。只要有熵的存在，就有不完整性；如果我们假定人类的故事是复杂的，那么复杂性就会带来不确定性。既然不完整性和不确定性都是考古学的固有特征，那么这对地理空间技术的应用意味着什么呢？

证据的不完整性并非考古学独有的现象，但根据我们所强调对象的不同，即考古学的科学性或人文性，其含义会略有不同[1]。例如，不完整的地理空间数据可能指一些已知但未被包括在内的位置数据（即数据缺失），也可能指重建的对象过于狭隘（即视角缺失）。我想，如果要对考古学家进行一番民意调查，会发现他们对"不完整"之含义达成的共识要多于分歧，部分原因是很多工作都需以准确的位置数据和信息为基础。我们都想知道某样东西是在哪里发现的，它有多古老，以及它是如何被发现的。因此，用尽可能简单的话来说，不完整性通常等同于地图上的空白点。

不确定性同样并非考古学所独有，其含义同样可能不止一种。例如，GIS 数据库中的不确定性可能意味着位置数据模糊不清（即位置的准确度或精密度不高），也可能指其他一些模糊之处，如不知道某些变量究竟是如何定义的。同样，由于许多工作需要基于准确的位置数据和信息，因此我认为考古学家们对"不确定性"含义的共识仍大于分歧。更简单地说，就我们的工作而言，不确定性意味着不知道地图的质量。

还有一个额外的因素也会导致未知。一张某特定考古遗址的地图极少会反映出与之相关的全部信息。这听起来可能是个微不足道的问题。毕竟，我们的智能手机应用程序会自动更新地图。但是，绘制一份最新的考古地图会遇到一些别样的障碍，比如需要对考古地点进行隐藏，以免有人有意或无意地破坏考古发现。由于需要更丰富的专业技术知识，或者需要纳入当地居民的本土知识，因此地图中的信息很难及时更新。由于技术和知识并不会凭空消失，因此地图更新并不全然是一个不完整性的问题，同时也不完全是一个不确定性的问题：它是一个邪恶的问题。或许它的邪恶程度不及《绿野仙踪》中邪恶的西方女巫，但它本质上是如此困难、持久和复杂，以至于颇难解决。

说白了，这些困难并不是无法解决的，但却是普遍存在的。这意味着，如果我们想继续扩大地理空间革命带来的益处，并填补因仅有少数时段和地点得到关注而产生的空白，就必须解决这些困难。

· · ·

事实 1. 考古遗址是珍贵的，但并不罕见。遗址之所以珍贵，是因为它历经沧桑，是我们与过去联系的纽带。但是，仅在美国，就有数以百万计的地方有记录在案的考古遗址，而且每天都有更多地方有保存完好的文物、沉积物和地貌被记录下来。它们的存在如此普遍的原因并不难理解：过去的人们不会只生活在一片与考古发掘工地规模相当的地方。他们在各种地形地貌中四处迁移，根据自己的目的对其进行改造，因此很多地方都能发现遗址也就在情理之中了。[2]

世界上没有空白之处。地理空间技术正在帮助我们证明这一点，它克服了那些让考古遗址显得比实际情况更为罕见的因素。例如，玛雅与其他早期城市社会一样，必须解决为密集人口提供食物这一后勤保障问题。[3] 但长期以来，很久前被废弃的农场的位置和布局的基本信息都十分匮乏，因为如今这些农场隐藏在茂密的树冠下。然而，最近对玛雅地区进行的机载激光雷达勘测寻获了超过了 61000 个地物，其中尽管不是大多数，但许多地物是玛雅时期农业活动的证据。在短短几天内，考古学家们就获得了必要的原始数据，可以为相当于纽约市总面积的区域绘制出与实地考察相当的高质量地图。如果仅依靠徒步考察，即使用不了几辈子，也将需要几十年的时间。[4]

地理空间技术也有助于我们了解以往时代遗留废墟的惊人规模。在叙利亚一处名为上哈布尔盆地的农村地区，考古学家们使用卫星影像来为聚居地绘制地图，如哈姆卡尔。在面积相当于新罕布什尔州的区域内，有 14000

个村庄、城镇和城市，其中一些可以追溯到青铜时代。为真正了解这些发现代表了多少考古成果，绘制团队还估算了"倒塌建筑及其他聚落残骸"的累计体积。最终的测量结果是 7 亿立方米——几乎是埃及最大金字塔体积的300 倍，很可能比埃及所有金字塔的体积加起来还要大。

无论是探测、绘图还是编目，这些任务都发挥了科学的优势。然而，我们生活的意义并不只是纯粹的分析；我们希望与过去产生联系，而技术使我们能够以前所未有的方式获取和体验历史的实物记录。通过地面三维激光扫描和摄影测量技术，我们不仅有能力制作单个建筑的逼真三维模型，还能制作大型古城的三维模型。徒步穿越废墟不再是仅供 19 世纪古董收藏家或富裕游客享受的消遣方式。只需点击几下，任何接入互联网的人都可以"置身"于科潘玛雅遗址之中。[5]

现如今，网上三维模型的数量之多，或许是考古遗址并不罕见的最有力证明。西雅克公司及其他公司已制作了许多不同地方的逼真图像，即使是通过网络浏览器或虚拟现实技术探访所有这些地方，也需花费极长的时间。不过，也有一些值得指出的潜在风险。其中之一是，扫描只是扫描。它与遗址本身并不是一回事。之所以这么说，是因为扫描并不意味着我们整个保存了遗址本身；我们只是复制了能看到的东西。在三维模型的边缘之下和外部，总是有更多的东西。需要指出的其他问题包括：我们应该如何存储和展示所有这些虚拟副本？谁拥有它们[6]？随着这些模型的数量规模增加至以百万计，将这些问题牢记于心将变得越来越重要。

虽然很难准确预测虚拟现实和增强现实技术将把我们带向何方，但"数字叙事"（digital storytelling）是一个颇有前途的方向。例如，"虚拟罗斯伍德镇"（Virtual Rosewood）是一个以重述佛罗里达州一座小镇的故事为中心的项目，该小镇于 1923 年遭白人暴徒的种族主义屠杀之后被遗弃。[7]中佛罗里达大学的爱德华·冈萨雷斯－坦南特（Edward Gonzalez–Tennant）收集了幸存者的故事及其他历史资料，并创建了一个沉浸式虚拟版本，展现了小镇在20世纪20年代的风貌。虚拟罗斯伍德镇在许多技术方面，包括应用 GIS 整合定性信息，取得了显著成就。它还是一个很好的范例，展示了当我们扩大地理空间技术的应用范围，以审视那些被忽视的地方和时代时，可以做什么。

　　建造一部时间机器所费不赀。重建过去所花费的时间、精力和技术都需要金钱。有些工作依赖慈善事业，但仅靠慈善事业并不能充分发掘时间机器的全部潜力。这需要公共资金。我之所以知道这一点，是因为本书中介绍的许多研究都是由公共机构资助的。在美国，考古学的基础研究是通过国家科学基金会和国家人文基金会等机构支持的。此外，政府考古人员以这样或那样的方式为美国的考古工作提供了大部分日常服务。他们执行相关规定和专业标准，保护和诠释政府土地上的遗址。如果政府不能为这些机构提供充足的资金并让他们开展业务，那么我们都将蒙受损失。遗址不会自己照顾自己，而需要照顾的地方又很多很多。

• ● •

　　事实 2. 了解过去需要团队合作。这一点似乎显而易见。但令人担心的是，"考古学家即寻宝猎人"这一形象导致了另一个问题，即给人造成一种考古工作在某种程度上可由单个人完成的印象。事实远非如此。我们需要团队合作，不仅包括其他考古学家，还包括其他学科、技术领域和掌握本土知识的专家。只有这样，我们才能真实还原古代世界。

　　造成这种情况的实际原因之一是，解决考古遗址疑难问题时所涉学科具有多样性。回到我自己工作中的一个例子，在上一章中，我谈到了我和我的同事是如何将火山玻璃制品与其自然来源——夏威夷群岛的一座小山——相匹配的。这一发现需要地质学和地球化学的支持。接下来，我们估算了从文物发现地到来源地之间进行徒步旅行所需的时间。结论告诉我们，在距离山丘一天脚程的范围内采集火山玻璃的人似乎可以直接获取它们，而一些玻璃很可能经由他们之手传给了更远的邻居。除了考古学知识，作出这一推断还需要地理学和地理信息科学知识。据我们所知，以这种形式分享玻璃的事实证明，存在着跨越已知社区边界的资源所有权和社会网络，而到目前为止，尚无对这种情况的完备记录。现在，我们正在深入研究政治学、社会学和经济学。在与欧洲人接触时的夏威夷社会背景下，这些社会网络可能为缓解粮食短缺和土地可持续管理起到了重要作用。这一推测需要了解当地的生态和人种史。[8]若需讲述一个基于事实证据的历史故事，上述学科缺一不可。

将地理空间技术方面的专业知识纳入考古团队可能并不容易。GIS 的一大优点是，即便只被普通用户使用，也足以派上用场。但也有人担心，地理信息系统的功能如此强大，以至于在普通用户手中产生的结果可能会掩盖不确定性、误差和偏差。并不是每个人都有时间或意愿成为专家，而目前具备必要背景、可被称为地理空间考古专家的人相对较少。那么，我们能做些什么呢？

其中一种选择是培训更多的专家或"高级用户"，他们可以"横跨考古学和 GIS 科学领域，批判性地参与 GIS 的理论和方法论工作"，并从事"关于 GIS 在考古学中的最佳应用的研究"。或者换一种说法，如果有更多的人直接致力于研究如何消除学会使用技术过程中的障碍，那么这些障碍就会更快被打破。另一个经常被提及的方案是，让专家与公众一起参与到令人兴奋的测绘任务中来，并使这些任务变得易于上手。没有一个解决方案是完美的，合理的解决方案可能需要将这两种方案甚至更多方案结合起来。

将专精于解释与考古遗址有关联的本土知识[9]的专家吸纳为考古团队的一员，正慢慢变成常态。在过去的 20 年里，考古工作人员与当地社区的合作总体上有了显著进步。如果考古团队每年都拍一张集体照，可以发现在最近的照片中，我们越来越不像一个留着大胡子的白人男性俱乐部了。在同一时期，当地学者也开始使用 GIS 技术，以满足他们的一些迫切需求。但正如基莎·苏伯南特所指出的，这些并行发展的趋势并没有使"将我们工作所在地的知识体系纳入考量范畴"的空间分析自然而然地诞生。换句话说，当考古学和本土知识未能联系起来时，结果就是错失了扩展我们对过去的了解的机会。[10]苏伯南特本人关于梅蒂斯人历史的研究就很能说明问题。

梅蒂斯人是 19 世纪美洲原住民与欧洲定居者在加拿大和美国北部通婚后形成的一个群体。他们如何"与地貌相连，建立复杂的亲缘关系网，并拥有一条既可移动又可扎根于这片土地的生活之道"，构成了梅蒂斯人这一群体的身份认同。当你试图用最低成本路径函数重现历史上有记录的梅蒂斯人走过的路线时，预设路径几乎从未与真实路线相吻合。要了解其中的原因，就需要考虑季节性因素、人们与亲属一起越冬的地点、不同地方的相对重要性、人们使用的交通工具类型等——所有这些因素都不是基本的 GIS 空间分析力所能及的。

拥有不同经验和专业知识的团队更善于衡量各种独立证据线索，并相互监督以确保诚实、严谨。由此，团队合作便有助于确保对过去作出更真实的描述，因为正是通过团队合作，我们才能在对所发生事件的不同说法之间作出选择，并最终在与等终性的"搏斗"中取胜。这似乎同样是显而易见的，但总有一些人试图仅凭单一的证据线索（如遗传学）去重构整个人类历史。这可不是制造时间机器的合理方式。

• ● •

事实 3。我们向公众隐瞒了许多发现。我希望这不是事实，但确实是。我们对公众隐瞒了很多东西。无处不在的 GPS 和可便捷获取的卫星影像让考古学家的工作变得如此简单。但这些技术是一把双刃剑。它们也使掠夺者和蓄意破坏者比以往任何时候都更容易得手，同时增加了遗址参观管理的难度。这意味着考古学家必须慎重对待我们发现文物的地点信息，也确实使我们很难为"保护考古遗址"发声。

需要明确的是，在很多地方，我们不会隐藏遗址的位置，因为它们已经为公众所知。这对于像叙利亚巴尔米拉①这样的遗址来说是个坏消息，它被恐怖分子占领并遭到严重破坏。作为考古遗址保护战略的一部分，一些团体会将遗址的位置和状况公之于众。中东和北非濒危考古项目（EAMENA）就是一个很好的例子。正如 EAMENA 网站所言，该项目"利用卫星影像快速记录并公开有关受到威胁的考古遗址和景观的信息"。该项目覆盖了一片广袤的区域，报道了超过 15 万处考古遗址。其网站提供了详细的案例研究，内容包括现代农业对遗址的破坏，现代建筑在城市环境中对考古遗址的隔离，以及大型基础设施项目（如水坝和管道）对整个景观完整性的影响。

相比之下，在美国及其他一些地方，大多数遗址的位置并不为人所熟知。在这些情况下，对遗址位置进行保密是明智之举，以防止出现抢劫或蓄意破坏等犯罪行为，以及游客无视其参观行为可能对考古造成的破坏等不良行为。为此，我们在落基山脉之巅一处未公开的地点建立了一个足球场大小的地图安保库，将所有这些敏感信息都保存在里面并进行严密保护。以上是玩笑话，如果真做到了这些，将是一个进步。实际上，所有掌握位置数据的考古学家和机构都只能以自己的方式设法处理这些数据。[11]除了最近的数字资料库（如 tDAR）和考古遗址索引（如 DINAA）之外，缺乏集中管理意味着有数不清的位置数据和信息存储在研究人员的计算机硬盘上。这种程度的保密性使得我们对于城市开发对考古学产生了什么影响几乎无从断言。下面以达科他输油管道为例进行说明。[12]

达科他输油管道全长 1886 千米，用于将石油从北达科他州输送到伊利

---

① 泰德穆尔的旧称。——译者注

诺伊州的加工厂。由于管道对水质的影响和对神圣文化遗址的冲击，管道的修建在立岩苏族（Standing Rock Sioux）的部落领地引起了强烈抗议。地图是被称为"反绘图"的抗议活动的一部分，其中一些地图显示了带有拉科塔/达科他地名的输油管路线。但这些地图都没有显示管道沿线考古遗址的位置，无论是在立岩还是沿线的其他地方。这是因为在管道沿线或附近没有发现遗址吗？鉴于管道长度几乎相当于 66 号公路的一半，这似乎不太可能。没有发现遗址的真正原因与一系列相当复杂的情况有关，而这些情况并不是这条管道所独有的。

即使是在立岩抗议发生多年后的今天，公众仍不清楚管道沿线有哪些或多少遗址受到了影响。至少有三类人知道，但出于不同的原因，他们不愿或者不能说：管道开发商、他们聘请的合同考古学家以及负责监管管道沿线部分的政府考古学家。管道开发商有义务支付沿线的合同考古费用。承包商向其客户及相关州和联邦机构报告他们的发现。但开发商没有义务公开遗址位置信息，他们聘请的考古学家也受与客户签订的合同条款的约束。政府机构在履行监管职责时收集这些信息，从长远来看，它们有责任利用这些信息，帮助就如何保护本地区的文化遗产作出明智的决策。然而，出于法律原因和谨慎考虑，他们不会公开分享这些信息。因此，除非以某种方式参与其中，否则几乎不可能知道任何文化资源管理项目的具体情况。[13]

从事文化资源管理工作的考古学家每天都要处在某种神秘的氛围中，这也是数字资料库和索引至关重要的原因之一。所有数字资料库和索引都有保护遗址位置的协议。没有它们，就会继续有遗址在合同考古项目中被记录下来，然后在开发过程中被毁掉，能证明它们存在过的唯一记录则会被封存起来，很少有人能看到。老实说，这很可能是需要考古学家们自己解决的问题。但是，任何人都可以做一些简单的事情来为此提供助力。

考古学无处不在。从某种意义上说，整个地球就是一个巨大的考古遗址。[14]这就意味着，任何人都很有可能在某个时候发现自己身处考古遗址之中，接触文物，或至少在网上看到某人参观遗址或接触文物的照片。大多数人对此都会保持尊重且负责任的态度，他们做梦也不会想到要故意破坏遗址。他们会克制住将文物带回家作为纪念品的冲动，如果看到犯罪行为，也会想办法向当局报警。这种良好的作风是长期保护我们共同的文化遗产所必需的。此外，还有一件小事可以帮助我们拯救更多的遗址，那就是对不良行为的谴责。诚然，"不良行为"一词有着很强的主观性，但可以这样想：如果你认为那些留下这些物品、在这些地方生活和死去的人会反对你所目睹的行为，那就想办法代表他们谴责这种行为。

·　●　·

我相信，我们有可能更完美地重述过去，不仅限于少数地区，而是所有地区。我们还有很多工作要做。请记住，放射性碳定年法应用的最初几十年只为我们重述世界历史提供了最宽泛的框架。此后又经过多年的研究，我们才取得了今天的成就。正如放射性碳定年法并不适用于所有的时间段和地点一样，本书介绍的所有技术也并非都能派上用场。但是，任何事物都必有其用武之地。这意味着我们眼前依然有很多试验、建设、创造和成长的空间。

如今是重塑人们对考古学的认知方式的绝佳时机。要做到这一点，我认为首先应当摒弃冒险故事的框架，将考古学从我们想象的框架中解放出来。时间旅行是更适合考古学的故事。它关乎对历史的好奇心。它是一种探索，与叙事而非古代宝藏紧密相连。它促使我们思考过去和现在之间的关系。如今是道出"别了，印第安纳·琼斯博士。欢迎，神秘博士"①的时候了。

---

① 印第安纳·琼斯博士是冒险电影《夺宝奇兵》系列中的主角，其形象常与冒险、寻宝相关；神秘博士是英国科幻电视剧《神秘博士》里的角色，常进行时间旅行探索。——译者注

术 语

文物（artifact）：由过去的人们创造或改造的任何物品。

增强现实（augmented reality）：通过技术手段将数字信息叠加在通过设备（如智能手机摄像头）观看的图像上，从而为现实创造一个增强版本。

作物印记（crop mark）：一种不寻常的植物生长模式，表明其下有考古遗址埋藏。

数字高程模型（Digital Elevation Model, DEM）：表示海拔高度的 GIS 数据库，通常是栅格形式。

无人机 / 无人驾驶航空器（drone/Unpiloted Aerial Vehicle, UAV）：没有机载驾驶员，由来自地面控制器的信号指挥的飞行器。

电阻率 / 电导率法（electronic resistivity / electronic conductivity）：一种地球物理勘测技术，用于测量沉积物的电阻或导电性能。

熵（entropy）：在考古学中，"熵"特指一种退化过程，或一种走向无序的趋势。

等终性（equifinality）：不同事件产生相同的效果或结果。

地物（feature）：不连续的、经常重复出现的文物和 / 或沉积物形貌，暗示着一系列特定的活动。地物往往不易从其所在位置移除，常见的例子包括废弃的炉灶、储藏坑和建筑构件（如墙壁、梯田等）。

地理空间革命（geospatial revolution）："文化景观（包括古代社区及其人类活动腹地）的遥感地理空间成像方面的突破"，代表着考古学的"范式转变"（Kuhn, 1962）的原因。该短语由 Chase 等人（2012）首次在中美洲应用激光雷达技术时使用。

地理空间技术（geospatial technology）：一组获取和处理地理数据的技术方法，如地理信息系统、摄影测量和遥感等。

地理信息系统（Geographic Information Systems, GIS）：一种用于查看、查询、存储和分析地理空间数据层的软件。

全球导航卫星系统（global navigation satellite system, GNSS）：利用卫星确定地理位置

的技术术语。目前正在运行的卫星星座系统包括美国的 GPS（全球定位系统）、俄罗斯的 GLONASS（全球卫星导航系统）、欧洲航天局的伽利略系统、中国的北斗卫星导航系统和印度的区域导航卫星系统（IRNSS）。

探地雷达（Ground Penetrating Radar, GPR）：利用雷达脉冲对地下进行成像的地球物理勘测技术。

全球定位系统（Global Positioning System, GPS）：卫星导航的通俗说法。它起源于美国的全球定位系统卫星星座，始于 1978 年，目前有 31 颗卫星在轨运行。GPS 要求用户处于多颗卫星的视线范围内，以便对位置进行三角测量。GPS 接收器本身可以嵌入智能手机或测量级 GPS 单元等设备中，也可单独连接到平板电脑等其他设备上，同时作为数据记录器和显示屏。有时，GPS 会使用外置天线来获得更好的视线效果。

冰川期（Ice Age）：地球经历了多次冰川期，最近一次是更新世，即从 259 万年前到 1.2 万年前的地质时代。

插值（interpolation）：一种根据样本数据得出整个区域估计值的方法。GIS 能够使用多种不同的插值技术，如反向距离加权 (inverse distance weighting) 和核密度（kernel density）。在创建分布表面的报告中通常会注明插值方法，因为如果不知道所使用的方法，就不可能对研究进行评估或复制。

最低成本路径（least cost path）：在 GIS 中确定的从一点到另一点的阻力最小路径。用户至少必须输入起始位置和终点位置，并提供一个栅格（通常是 DEM），用于对移动的相对成本进行排序。用户还可以添加其他成本条件，并可针对不同类型的移动定制操作方法。

激光雷达（LiDAR）：一种遥感技术，利用激光测量来创建代表目标的三维点云。激光雷达可在地面站（陆地激光雷达）、飞机（机载激光雷达或空中激光扫描）、车载或手持设备以及实验室环境中使用。术语 LiDAR 是"光探测和测距"（light detection and ranging）的简称。

磁强法（magnetometry）：一种基于磁场强度测量的地理勘测技术。

最大熵模型软件（Maximum Entropy Software）：由史蒂文·J. 菲利普斯（Steven J. Phillips）、米罗斯拉夫·杜迪克（Miroslav Dudík）和罗伯特·E. 沙皮尔（Robert E. Schapire）在美国自然

历史博物馆和 AT&T 研究公司的合作下创建的一个开源物种分布建模程序。

新石器革命（neolithic revolution）：由 V. 戈登·柴尔德创造的术语，用于描述动植物驯化后向农业的转变，它标志着新石器时期或新石器时代的开始。最早的迹象出现在距今约 1.2 万年前的中东地区。

摄影测量（photogrammetry）：一种可追溯到 19 世纪末的技术，当时它被定义为一种通过使用照片，尤其是航空照片（如在测量中）进行可靠测量的方法。如今，这一术语被用于根据反射光从二维图像或视频中建立三维模型；也被称为"运动恢复结构"（structure from motion）。

点云（point cloud）：一种特殊类型的点数据，通常由激光雷达或摄影测量生成，可包含数百万或数十亿个位置（x, y, z），能够三维显示。

雷达河（radar rivers）：利用卫星雷达图像探测到的撒哈拉沙漠中已消失的更新世河流系统的昵称。

放射性碳定年法（radiocarbon dating）：一种根据已知的碳 14 衰变率和与碳循环有关的既定校准方法确定生物体死亡时间的辐射度测量方法。

栅格（raster）：一种地理信息系统数据格式，以固定分辨率将数值存储在像素的行和列中。

定居模式（settlement pattern）：过去人们居住地的空间分布；用于重建古代社会网络、人口流动性和生活的其他方面。

遗址（site）：任何记录有过去活动物证（如人造物和 / 或地貌特征）的地点。

石器时代、青铜时代、铁器时代（Stone Age, Bronze Age, Iron Age）：亦称"三时代系统"，利用冶金技术的进步对旧大陆的年代进行了划分。

矢量（vector）：一种 GIS 数据格式，以表格形式存储于点、线或多边形中的数据。

虚拟现实（virtual reality）：一种通过计算机提供的感官刺激（如视觉和听觉）来体验的人工环境，人的行为将在一定程度上决定该环境中发生的事情。

城市革命（urban revolution）：由 V. 戈登·柴尔德创造的术语，用于描述向前现代国家社会的转变。它的名称来源于这样一个事实，即在许多情况下，早期国家与一个地区最早的城市同时出现。最早的迹象出现在中东的青铜时代，距今约 6000 年。

注　释

第一章　历史好奇心

【1】关于日期的说明：本书提及的人类前文字时期的主要历史转折的日期均为近似值。随着新事物不断被发现，考古学家对日期的争论也从未停止。例如，最近的一项研究表明，艺术的起源要比 5 万年前早得多（Henshilwood, 2018）。若想更全面地了解我们在世界各地的历史，推荐阅读罗伯特·L. 凯利（Robert L. Kelly, 2016）的《第五次开始》（*The Fifth Beginning*），以及肯特·弗兰纳里（Kent Flannery）和乔伊斯·马库斯（Joyce Marcus, 2012）的《人类不平等的起源》（*The Creation of Inequality*）。

【2】关于日期的另一条说明：此即众所周知的"三时代系统"。人类进化于上一个冰河时期，这一时期也被称为更新世——从 200 多万年前开始，一直持续到大约 1.2 万年前。在此期间，古人类及之后的现代人类使用石头制作工具，因此被称为石器时代（接下来我们将把石器时代分为三个时期）。在旧大陆，石器时代一直持续到大约 5000 年前，然后让位于青铜时代，接着是两三千年前开始的铁器时代。新大陆的时间线也可追溯到更新世，但与冶金术无关。

【3】人类学是研究人类的学科。考古学是人类学的一个分支领域，它致力于通过任何能为过去活动提供证据的实物材料来研究人类的过往。

【4】本书提到的小说作品反映了我的个人品位。若想对时间旅行题材小说进行百科全书式的深入了解，我强烈推荐阅读詹姆斯·格里克（2016）的《时间旅行：一段历史》。

【5】出于显而易见的原因，本书重点关注的时间旅行是回到过去，而不是前往未来。有关反乌托邦式未来、怀旧和考古学的更多信息，请参阅博迪尔·彼得松（2016）对《水世界》（*Waterworld*）的讨论，以及达维德·科比亚尔卡（Dawid Kobialka）（2016）的一篇内容广泛的评论，涵盖了从《黑客帝国》（1999）到 DC 漫画角色鹰侠（Hawkman）的所有内容。

【6】此处只提及《神秘博士》，但许多涉及时间旅行的热门电视剧和电影系列也

是如此，如《星际迷航》（*Star Trek*）、《回到未来》（*Back to the Future*）、《终结者》（*Terminator*）等。

【7】有些人可能还记得哈里森·福特（Harrison Ford）饰演的琼斯教授在《夺宝奇兵4：水晶骷髅王国》（*Kingdom of the Crystal Skull*）中向学生介绍柴尔德时写下的词语"新石器时代"，或《夺宝奇兵1：法柜奇兵》（*Raiders of the Lost Ark*）中在黑板上潦草地写下的"新石器时代"。

【8】关于日期的最后说明：石器时代可分为旧石器时代（Paleolithic）、中石器时代（Mesolithic）和新石器时代（Neolithic）三个阶段。新石器时代始于约1.2万年前的上一个冰河时期末期。因此，概括地说，如果你在旧大陆，时间顺序是旧石器时代、中石器时代、新石器时代、青铜时代，然后是铁器时代。

【9】如今，包括我在内的许多考古学家都试图避免使用"史前时期"（prehistory）和"史前的"（prehistoric）两个术语。首先，这些术语可能适用于远在人类出现之前的时期，与考古学无关。其次，在谈论与如今的我们具有相同认知能力的人类时，这些术语还可能无意中带有将其贬为"原始人"的意味。

【10】电视上的时间旅行题材剧集在多元化方面历来表现欠佳。例如，女性角色很少。不过，现在担任主角的女性比以前多了，其中最受瞩目的是乔迪·惠特克（Jodie Whittaker），她饰演了第十三任神秘博士。近期有出色女主角出现的时间旅行剧还有《灰飞烟灭》（*Ashes to Ashes*）、《超越时间线》（*Continuum*）、《时间管理局》（*El Ministerio del Tiempo*，即 *The Ministry of Time*）、《高玩救未来》（*Future Man*）、《创造历史》（*Making History*）、《外乡人》（*Outlander*）、《时空守卫》、《穿越者》（*Travelers*）和《第十三号仓库》（*Warehouse 13*）。

我想，《神秘博士》系列的粉丝们会希望我指出，多年来，该系列中有了许多经常出现的女性角色，其中与本书最相关的可能是由亚历山德拉·金斯顿（Alexandra Kingston）精彩演绎的穿越时空的考古学家瑞芙·宋（River Song）。虽然瑞芙·宋是个出色的角色，但却令人失望地沿袭了"考古学家即寻宝猎人"的样板。好的一面是，她确实促使当时由戴维·田纳西（David Tennant）扮演的神秘博士说出："我是一个时间旅行者。我会对考古学家指指点点并嘲笑他们。"

【11】奥克塔维娅·巴特勒（Octavia Butler）1979 年出版的小说《亲缘》（Kindred）是另一个很好的例子，故事的主角是一位必须置身于美国内战前环境之中的时间旅行者。如果想从喜剧角度了解这类故事，我推荐《查普尔秀》（Chappelle's Show）第二季第 23 集中名为《时间憎恨者》（The Time Haters）的小品。

【12】自有考古学以来，"遗址"（site）这个术语就一直被用来指称有记录的事物保存地。但是，出于将在下一章讨论的一些原因，这个术语存在问题。尽管如此，它还是被写入旨在保护考古学的法律中。因此，尽管在描述某种科学观察单位时存在众所周知的缺陷，但这个术语一直沿用至今。

【13】编剧兼导演海登·J. 威尔（Hayden J. Weal）2016 年拍摄了一部时空旅行浪漫喜剧《时空之旅》（Chronesthesia）。威尔在片中饰演一位收到来自未来信息的咖啡师。他之前的演艺经历包括在彼得·杰克逊（Peter Jackson）执导的《霍比特人》（Hobbit）三部曲中担任比尔博（Bilbo）的替身。

第二章　发掘真相

【1】人种志的定义是：对人类文化的研究和系统记录。更直白地说，就是人类学家走出门与其他人交谈，以期更好地定义一种文化。

【2】需要指出的是，熵的"两个盒子"的解释并不是我发明的。

【3】为了弄清地点与时间的关系，考古学家设计了一种称为哈里斯矩阵（Harris matrix）的示意性时间图表。每当看到哈里斯矩阵，我就会想起库尔特·冯内古特（Kurt Vonnegut, 1969）伟大的时空旅行小说《第五号屠宰场》（Slaughterhouse-Five），他在其中描述了自己用女儿的蜡笔绘制了故事中相互交织的人物情节发展时间线的情景。

【4】如果只提供对遗址的一般描述，而不是确切的坐标，那么就不可能对以前的实地观察结果进行整合。例如，如果"某地石碑"被提及 5 次，可能是因为此地有 5 座不同

的石碑，或是人们在 5 次不同的考察中观察到了同一座石碑，或者是介于这两者之间的情况（Cooper 和 Green，2015）。因此，在理想情况下，我们会在数据库中为特定地点的所有观察记录、发掘记录和出土文物分配一个独一无二的识别编号。

【5】有人向我指出，这与生物学中尽管对"物种"的定义完全缺乏共识，但仍有大量出色的研究成果问世的情况并无二致。

【6】我还记得，小时候曾被艺术家复原的图坦卡蒙镀金陵墓深深吸引。在面对这位法老最后的安息之地时，西方人似乎会自然而然地表现出对古埃及一切事物的痴迷，即使这看上去怪异而荒诞。

【7】据最新统计，得克萨斯考古研究实验室（Texas Archaeological Research Laboratory，TARL）收藏了大约 8.1 万份考古遗址记录，而且每天都有更多的考古遗址记录上报。

【8】GPS 提供的是地理位置定位，即地球上的某个位置；而全站仪则在一套任意格网系统（x, y, z）上工作，尽管现在也有部分全站仪已连接了 GPS。

【9】加利福尼亚大学圣巴巴拉分校的地理学荣誉退休教授迈克尔·F. 古德柴尔德（Michael F. Goodchild）指出，你经常能看到小数点后的位数精确到了几近荒谬的程度。此时，举例来说，如果你看到一个位置的坐标被精确到小数点后 8 位，那么小数点后的最后一位理应精确到毫米。除非该数据由超高端测量设备生成，否则这种精度是不合理的。

【10】还有一个将计算机科学与地理学相结合的交叉领域，称为地理信息科学（GIS Science，或 GIScience，或 GISc）。

【11】谷歌地图的功能与谷歌地球截然不同。谷歌地图是一个基于网络的地理信息系统，其主要功能是按地理位置组织信息；谷歌地球是一个虚拟地球，其主要功能是让用户探索一个栩栩如生的地球模型。

【12】但也有一些明显的例外。引人入胜却又时而令人困惑的电影《初始者》（*Primer*）中，时间旅行者置身于一个静止的盒子内，在时间中缓慢倒退。在《时间陷阱》（*Time Trap*）中，学生们在寻找失踪的考古学教授时被困在一个山洞里，而洞外的时间却在

呼啸着流逝。奥斯汀·鲍尔斯（Austin Powers，即 1997 年美国科幻喜剧电影《王牌大贱谍》的男主角。——译者注）等人则将自己冷冻起来，然后在现代解冻或复活。别忘了，J. K. 罗琳的《哈利·波特》系列中还有神奇的"时间转换器"项链，其佩戴者可以穿越时间，而不是空间。

【13】当时提出的另一种可能性是，这枚硬币可能是一个"搭便车者"。具体情况是这样的：很久以前，这枚硬币被带到了罗马帝国统治下的不列颠，最后流入了泰晤士河。19 世纪时，它与泰晤士河中的砾石一起被捞起，这些砾石被用作压舱物以使停靠在伦敦的一艘船保持平衡。在这艘船抵达新西兰后，当压舱物被倒掉时，这枚硬币便出现在了它如今的位置上。

【14】考古学家思考形态、形状、空间和地点等问题的方式因采用了可进行高密度勘测和测量（high-density survey and measurement, HDSM）的技术而发生变化，格拉斯哥大学的蕾切尔·奥皮茨和阿肯色大学的 W. 弗雷德·林普（W. Fred Limp）因而呼吁人们对此予以更多关注。HDSM 包括地理空间技术及其在非地理空间的应用，例如对文物进行激光扫描以创建三维模型。他们进一步指出，这些技术"为从科学和人文的角度理解过去提供了多元化的桥梁"（Opitz 和 Limp, 2015）。

【15】玛雅文明题材很少出现在时间旅行的电视剧中。一个值得注意的例外是，《时间管理局》中有一集名为"征服时代"（*Tiempo de Conquista*），角色们在这一集中回到了 1516 年的尤卡坦半岛。

【16】这种比较稍显不公，因为主题乐园只占迪士尼世界相当小的一部分，余下的大部分仍未开发。相比之下，巨石阵的周围，正如我们将要看到的那样，已经布满了考古遗址。

第三章　自高空俯瞰

【1】今天，我们把生活在维鲁谷的人们归入一类独特的社会系统，这些社会与今天我们的社会非常相似，我们称之为"古邦"（archaic states），意在表明他们由一位控制着大片领土的君主统治。大多数早期国家的建立是对邻国体制的模仿或遭到侵略的结

果。维鲁的特别之处在于，它代表了国家社会的一种独立创生模式；这种情况可能只出现过 7 次。

【2】应该说，虽然作物印记通常会构成美丽的图案，但它们最初并不是为了被从高空俯瞰而形成的；它们只是我们找到考古遗迹埋藏地的线索。此外，作物印记与所谓的"麦田怪圈"并不相同，后者是现代人在田野里绘制的图案，并常被错误地认为是外星人所为。

【3】2018 年的夏天尤为干燥，英国各地开始出现平时见不到的作物印记，但不久之后又消失了。

【4】在最初的研究中，这些遗址被称为"护城河遗址"（moated sites）。

【5】多年前，我曾申请查找过一份檀香山的航拍照片资料。当档案管理员带回一叠用胶带粘在一起的黑白老照片时，我大吃一惊，因为照片上满是"绝密"字样。原来，这些照片拍摄于 1941 年珍珠港遭轰炸之前。你在照片上可以清楚地看到停靠在码头的美国舰队，包括著名的"亚利桑那号"，完好无损。这是我第一次索取这些照片，但它们对我来说似乎并不陌生，然后我想起了在哪里看到过它们：时空旅行电影《碧血长天》（*The Final Countdown*，又译《核子航母遇险记》，1980）。这部电影讲述的并不是时间旅行题材中最精巧的故事之一，但将整艘航空母舰送回过去却是不错的创意。

【6】如今，考古学家在佛兰德斯使用的不仅仅是航拍照片。最近的工作包括利用机载激光雷达对西班牙防御工事进行遥感探测，这些工事非常逼真，人们甚至可以想象出由纳乔·弗雷斯内达（Nacho Fresneda）在《时间管理局》中扮演的 16 世纪的角色阿隆索·德·恩特雷里奥斯（Alonso de Entrerríos）从防御工事中高喊："为了圣地亚哥，为了西班牙！"（原文为西班牙语。——译者注）

【7】有关英国测绘史的有趣回顾，请参见 Wickstead（2019）。

【8】哈苏（Hasselblad）是一家瑞典公司，以生产高品质中画幅相机而闻名。在《王牌大贼谍 2：风流谍影》（*Austin Powers: The Spy Who Shagged Me*）里，迈克·迈尔斯（Mike Myers）饰演的穿越时空的角色奥斯汀·鲍尔斯在一次时尚拍摄中使用了哈苏相机。

埃尔维斯·科斯特洛（Elvis Costello）的歌迷会知道它正是专辑《今年的模特》（*This Year's Model*，1978）封面上的相机。

【9】这些胶片通常被投放在太平洋上空的某个地方，这样，如果空中回收失败，胶片就会被美国海军从太平洋打捞上来。如果由于某种原因未能成功，纸板箱会随着时间的推移而降解，并在被敌人拦截之前沉入海底。

【10】长城之"长"并非浪得虚名。长城全长近9000千米，如果把它拉直，将比伦敦和北京之间的距离还要长。在地面上，长城实际上有超过四分之一的部分不是城墙，而是壕沟和天然屏障。

【11】如果你想自己寻找解密的卫星图像，可以从美国地质调查局（the United States Geological Survey, USGS）获取所有这些图像。USGS在EarthExplorer网站上提供卫星图像目录以及许多其他类型的数据集。

【12】如果你曾经试戴过夜视镜，那它便是一种你接触到的在缺少可见光的环境中探测红外线反射能量的传感器。下一代夜视传感器将把红外线与其他光谱结合起来。

【13】使用遥感数据时，需要了解其所代表的光谱分辨率；因此，你可能会接触到"全色"（panchromatic，指代表所有可见光）、"多光谱"（multispectral，指来自整个电磁波谱的能量）和"高光谱"（hyperspectral，指来自整个电磁波谱的能量，但被切割成更多、更细的波段）等术语。

【14】NASA发送数据的速度比任何机构都快。早在20世纪70年代，陆地卫星便已经以每秒15兆比特（Mbps）的速度向地球传回数据，这与目前的宽带互联网速度相当。到了20世纪80年代和90年代初，速度更是达到了惊人的85Mbps，而现在的卫星发送数据的速度达到了384Mbps，比美国目前的家用互联网快很多倍。

【15】可以用更直观的方式来描述这种分辨率：起初，一间杂货店大小的东西在图像中只能用两个像素来表示，后来改进为四个像素。这比之前好一些，但还不够。

第四章　扫视地球

【1】Laser 是"受激辐射光放大"（light amplification by stimulated emission of radiation）的首字母缩写词。

【2】近 20 年前，卡拉科尔时间旅行项目（Hughes 等，2001）在其"虚拟戏剧"中提出了以三维沉浸式体验模拟时间旅行的想法。

【3】它是博韦绘制的玛雅崩溃地图上的遗址之一，其最后的碑文刻于公元 849 年。

【4】团队成员不能在飞机刚起飞时就立刻拍摄。设备就位需要时间。事实上，让飞机就位所花的时间大约是飞掉划定网格所花时间的两倍。

【5】在查看这些三维模型时，请记住，在扫描所能触及的边缘之外，还有更多未被囊括在内的考古遗址；地下也有更多的遗址等待处理。

【6】无人机技术及其在考古学中的应用发展迅速，无法在此一一详述，因此这里仅概括地介绍无人机的功能以及我们今天应用无人机开展的工作。同时，还应指出，许多人更喜欢使用"无人飞行器"（unmanned aerial vehicles）或"无人飞机系统"（unmanned aircraft systems）等术语。我更喜欢用"无人机"（drone）这个词，因为我认为现在是停止使用"无人驾驶"（unmanned）一词的时候了。NASA 对此表示同意，并采用了"无人驾驶飞行器"（unpiloted aerial vehicles）这一术语。

【7】1868 年，英国皇家海军的船员将这座雕像从岛上移走。一年后，雕像被放置在大英博物馆的正门口。拉帕努伊人民一直在请愿，要求归还他们的雕像。

【8】数字网格或不规则三角网（triangulated irregular network, TIN）是将"点云"中的点相互连接起来，从而创建一个由许多小平面组成的单一表面。

【9】探地雷达（GPR）的使用频率较低，但还是在许多不同的环境中进行过多次测试。例如，最近一篇对 GPR 使用情况的综述基于 600 个不同项目收集的信息（Conyers，2013）。

【10】值得注意的是，北海的疏浚工程曾从海底挖掘出一些文物。

【11】想亲眼看看这些大型发掘工作的进展情况吗？在谷歌地球上转到北纬

53° 36′ 20.7″，西经 6° 38′ 48.9″（或十进制度数：53.605741，–6.646925）。这里可以看到今天 M3 高速公路的中间位置。接下来，将图像日期设置回 2005 年 11 月 11 日。此地的道路将消失，取而代之的是一个中世纪聚居地，即道斯顿 2 号遗址（Dowdstown 2），暴露在一片约 250 米 ×80 米的区域内。

【12】我喜欢这些术语，因为它们强调了在思考我们选用不同类型的技术时的代际区别，但重要的是要认识到世界上存在这样一种鸿沟：像我这样能够接触到所有最新、最先进技术的人与生活在另一侧的数百万人（无论老少）间存在的鸿沟。

【13】此处"生而数字化"指的是自产生起即以数字格式记录的数据。有些考古学家直接从事这一领域的工作，该领域被称为数字考古学（如 Huggett，2015）或网络考古学（如 Levy 和 Jones，2018）。

第五章 数字世界

【1】一个好的开始是，询问 GIS 是不是解决当前问题的最佳工具（见 Lock 和 Pouncett，2017）。

【2】多年来，迈克尔·F. 古德柴尔德对时间和 GIS 进行了大量思考，并得出结论："时空地理信息系统（space–time geographic information system）不太可能在不久的将来出现。"（Goodchild，2013）

【3】此处所说的技术手段是"地理可视化"（geographic visualization 或 geovisualization）。请参阅 Gupta 和 Devillers（2017）关于考古学中这一主题的精彩评论。

【4】考古地图，无论是模拟地图还是数字地图，通常都会给人一种具有同时代性的错觉。参见 Lucas（2005）对此的精彩讨论。

【5】Open Context 是由非营利组织亚历山大档案研究所［Alexandria Archive Institute，符合《美国国内税法》501（c）3 条款］主持的一项出版和数据整理服务。DINAA 隶属于这一项目。

【6】美国共有 93530 处地点被列入《美国国家历史遗迹名录》（*National Register of*

Historic Places），其中一些是考古遗址，但大多数是历史建筑或纪念碑。虽然可能并非有意为之，但即使粗略地浏览一下这份名单，也会发现白人殖民文化的历史在该名录上所占比例过高。

【7】也许有一天我们会发现，除了考古实物的数字记录之外，我们的档案库中还会存有一些纯粹的数字世界，它们源于那些被遗弃的电子游戏。安德鲁·莱因哈德（Andrew Reinhard，2018）及其他从事"电子游戏考古"（archaeogaming）领域研究的人认为，玩家在虚构的数字世界［如游戏《无人深空》（*No Man's Sky*）中程序化生成的星球］中留下的数字足迹与考古遗址无异。

【8】在美国，除少数例外情况，私人土地所有者没有义务披露其土地上考古遗址的存在。

【9】我在这里重点讨论勘测问题，一方面是因为这是我本人的专长所在，另一方面是因为不同地理空间技术在发掘工作中的应用是一个正在迅速发展的课题。

【10】阻碍卫星图像为考古学所用的另一个因素是里根时代对陆地卫星计划的私有化，这使得数据价格成千上万倍地上涨，并影响了数据质量。相比之下，航拍照片的价格要便宜得多；早期版本的谷歌地球上的许多图像都是航拍照片，而不是卫星图像。

【11】现在有许多优秀的书籍介绍了在考古学中使用超高分辨率图像的实例（如 Lasaponara 和 Masini，2012）。

【12】我时不时收到一些人的电子邮件，说他们在谷歌地球的海底"发现了亚特兰蒂斯"。他们指出的东西显然是海底高程模型制作过程中意外生成的副产品。这些微小的错误在计算机科学中有一个专业术语——数码失真（digital artifacts），我们在制作考古文物的数字副本时不应将其与之混为一谈。

【13】遗址定位建模这一话题可能会在考古学家中引起强烈反响，原因有几个。有时，人们会对所建模型的内容感到困惑：它纯粹是反映了遇到考古遗址的可能性，还是反映了人们过去寻找遗址时作出的决策（即我们在那里发现东西的原因）？有人担心，预测模型只会把我们引向我们业已熟知的遗址类型，从而导致我们错过罕见的遗址或是隶属于特定时代或文化的模式。对于我们是否应该在决定如何保护考古遗址时使用

模型，人们往往也存在分歧。例如，有一种风险是，由于计算机建模速度更快、成本更低，因此将对人工收集为保护遗址所必需的原始数据构成阻碍。

【14】虽然熵是考古学的"天敌"，但在计算机模型中它却是一个有用的工具。在本例中，MaxEnt 生成了一系列假设的物种地理分布，然后剔除那些过于依赖单一变量的模型，直到生成一个在所有输入变量中保持最大熵的模型。

【15】GlobalXplorer 平台采用了与"可汗谷"项目类似的布局，但要求志愿者在一小块卫星图像上标明是否存在掠夺行为。有些人质疑这些数据对负责保护已知考古遗址的人有多大用处，因为最明显的掠夺案例可能发生于很多很多年前，早已广为人知，而且毫无疑问是在掠夺者离开现场之后才出现的（Yates，2018）。

第六章　遥溯往途：迁移、流动和旅行

【1】旨在保护考古遗址的法律导致了一门以文化资源管理（CRM）为中心、年收入 10 亿美元的私人产业的诞生。CRM 也被非正式地称为"合同考古"或"抢救性考古"，以区别于由政府考古学家进行的文化资源管理。在美国，法律因地而异，但通常而言，一件事物被定义为文物或历史遗产的标准有着较大的灵活性，而非基于某一具体的年份。这就是像 66 号公路这样的事物可被视为有受保护资格的原因。

【2】或者用神秘博士的话说："历史是一场粉饰。"（第 10 季第 3 集）

【3】如需了解更多信息，我推荐坎达西·泰勒（Candacy Taylor，2016）在《大西洋月刊》（The Atlantic）上发表的文章《66 号公路的根源》（The Roots of Route 66）。

【4】应该指出的是，科学界首次尝试确定我们这个物种的发源地时，得到了一个错误的答案。一个世纪前，我们认为人类起源于亚洲。这是一个合乎逻辑的结论，因为当时在印度尼西亚的岛屿和北京郊外发现了看似人类早期形态的最古老的化石。推翻亚洲起源假说的证据是在非洲发现的大量新化石，后来的遗传学研究也证明我们现代人最早的分化可以追溯到非洲。

【5】《神秘博士》中有一种先进的爬行动物种族，名为"志留人"（Silurians），他们在

地球上进化，比人类早了数百万年。《国际天体生物学杂志》(*International Journal of Astrobiology*)发表了一篇题为《志留人假说：如果志留人是真实存在的，我们会知道吗？》(The Silurian Hypothesis: Would It Be Possible to Detect an Industrial Civilization in the Geological Record?)的新论文，这是 NASA 科学家加文·A. 施密特(Gavin A. Schmidt)和天体物理学家亚当·弗兰克(Adam Frank)的合作成果。然而，实际上，他们都不相信我们的星球在很久很久以前就进化出了智慧生命。他们的真正目的是促使科学家们尝试从现有地质记录里关于人类的证据中推断出一些标准，以便在另一个星球的地质记录中识别出类似的东西。

【6】剑桥大学第四纪研究所(Quaternary Research at Cambridge University)的第三阶段项目 (Stage 3 Project) 就是其中的佼佼者。多年来，一个由 20 多位学者组成的跨学科团队收集了距今 6 万至 2 万年前沉积物的测年数据，地球科学家将这一时期称为氧同位素第三阶段(Oxygen Isotope Stage 3, OIS-3)，考古学家则将其称为欧洲旧石器时代中段和上段(Europe's Middle and Upper Paleolithic)。这些数据是研究尼安德特人消亡等问题的关键。

【7】从之前的研究中我们可以了解到，由于食物匮乏，黑猩猩的地理活动范围在干旱时期会扩大。全球定位系统和地理信息系统让我们有能力观察更细微的行为。例如，黑猩猩也会制造和使用工具，最近有一项关于现代黑猩猩使用石器情况的地理信息系统研究(Benito-Calvo 等，2015)。

【8】每个依靠 GPS 进行野外工作的人都会根据经验找出最适合自己的方法。现在，我有两种用于野外工作的 GPS。一种是在条件合适时，能把我的位置精确到几厘米以内。这种 GPS 价格昂贵、笨重，而且需要每天充电，但它能为考古调查提供有用的 GIS 数据。这种 GPS 正开始被 GPS 和平板电脑的组合取代。此外，我还有一个更小、更便宜的 GPS，靠两节 5 号电池运转，但主要用于徒步旅行和地质调查，因为它的质量较低，后台数据处理也不适合制作考古调查数据集。我还有一台内置 GPS 的数码单反相机，但它在关机后需要一段时间才能重新获取位置。这意味着，有时它会在我最

后造访的地方而非我实际拍照的地方为所拍摄的照片添加地理位置标签。

【9】关于考古学家对这一理论的看法,请参阅凯利(Kelly, 2016)的最新评论。

【10】化石化的足迹有自己的专用术语——"脚印化石"(ichnites)——最近,在欧洲地中海沿岸发现了一些距今 600 万年前的脚印化石的消息公布时,引起了一阵轰动。据称,这些脚印是双足运动(直立行走)的证据,比来托利 300 万年前的脚印要早得多。关于这一解释成立的可能性较低的原因,见 Meldrum 和 Sarmiento(2018)。

【11】有关石器技术和来源的最新评论,见 Andrefsky(2008)。

【12】考古学把"人"(people)变成了一个动词"peopling",用来描述人类向以前没有人烟的地区扩散的过程(见 Rockman 和 Steel, 2003)。

【13】关于现代人于早期还是晚期走出非洲的争论一直存在,而且很可能会持续下去,这超出了本书的讨论范围。

【14】乔恩·M. 厄兰森和托德·J. 布拉热(2015)进一步提出,是水上交通工具技术的某种飞跃推动了这一发展。这当然是可能的,但仍有待检验。

【15】参见迪勒海(Dillehay)等人(2015)对智利蒙特维德(Monte Verde)遗址年代学的最新讨论。

【16】安德森(Anderson)、比塞特(Bissett)和耶尔卡(Yerka)(2013)最近确定了十几个"北美早期聚居地的潜在中转区/地点"。

【17】我不想就这番种族主义的胡扯对人类殖民太平洋的经过作长篇大论的解释,即殖民太平洋更有可能首先源于目的的探索航行,随后才是有目的的殖民航行。所以,我只会提一个词:Hōkūleʻa(查一查吧)。(Hōkūleʻa 是一艘现代仿制的波利尼西亚双桅帆船。2014 年,波利尼西亚航海协会的成员曾驾驶这艘帆船,在不依赖任何现代导航技术的条件下实现了环球航行,全程历时 3 年。——译者注)

【18】奥卡姆剃刀原则认为,在多种相互竞争的解释中,最简单的解释更有可能是正确的。

【19】学术文献在对人类徒步和畜力旅行的物理残迹进行分类时可能有些草率,但一般

来说，我们可以将其分为小径（paths）、小路（trails）和道路（roads）（Earle，2009）。它们之间的差异主要集中在使用频率、产权和基础设施建设所投入的劳动力数量上。小径是最基本的；它们所需的人力最少，而且适合日常使用。然后是小路。这些小路与较长距离的旅行相关，仍然只需要少量的人力，也许只需要铺设最低限度的路面、短小的步行桥或路标，而且使用频率也不像小径那样高。它们可能只在特定的季节被使用，对它们也不需要亲身了解。例如，在亚利桑那州，奥哈姆人（O'odham）的传统歌曲中蕴含着关于小路网络的详细地理知识（Darling，2009）。

【20】从历史全局来看，道路的年代顺序非常重要。例如，虽然只有等级社会才会大量投资于修建道路和港口，但并非所有的社会都这样做，而且对于那些已经建造了道路的社会来说，是在已有的小径和小路上进行了修建，还是构建了新的道路网络，还有待观察。

【21】考古学家一直在努力创建更好的 GIS 模型，以解释人类移动的特殊性（Llobera 和 Sluckin，2007），以及与解释考古相关的交通方式，如骑马出行（Sunseri，2015）。

【22】遥感技术还为我们展现了丝绸之路上生活的新图景。实际上，丝绸之路更像是一条辫状路线，而不是单一的道路，穿越丝绸之路可能需要数月或一整年的时间。具体而言，我们可以参看灌溉田的演变过程，这些灌溉田本来是用于生产维持往来旅人生计的剩余粮食的（Hu 等，2017）。

【23】人们从多个不同角度讨论了公元 850—1250 年对查科峡谷的人类居住情况以及更广泛的查科现象（见 Crown 和 Wills，2003；Earle，2001；Kantner 和 Vaughn，2012；Lekson，2015；VanDyke，2007）。

【24】坎特纳预见到了当前地理空间技术在考古学中无处不在的影响（Kantner，2008）。

【25】虽然 ORBIS 项目主要基于历史文献而非考古学，但考古学家会时常记录欧洲各地的罗马道路和港口。例如，Doneus 等人（2015）使用机载绿色激光雷达在陆地和浅水中的探测结果，绘制了克罗地亚一个罗马港口的地图。

【26】经济学家擅长将看似无关的现象联系起来。最近的一项研究表明，从太空中看

到的欧洲夜景，要归功于古老的罗马道路（Dalgaard 等，2018）。美国国家海洋和大气管理局（National Oceanic and Atmosphere, NOAA）有一张可追溯到1992年的"平均可见稳定光"全球地图。经济学家喜欢将它作为经济活动的一个代表指标，这也是有道理的：富裕的工业化国家会发出大量的光。在这些数据的基础上，他们从哈佛大学的《罗马和中世纪文明数字地图集》（*Digital Atlas of Roman and Medieval Civilizations*）（McCormick 等，2013）中提取了罗马道路的 GIS 图层。在此基础上，他们将道路两侧5千米的范围作为缓冲区，以弄清楚古老的道路与现代的繁荣之间的关联。

【27】网页排序搜索算法并没有预设分类，而是在搜索过程中不断学习。因此，如果你在谷歌图片上搜索"白痴"，你会得到人们与这个词相关的图片，而非某种预先编制的反应。

【28】我认为，对有出处的文物进行空间分析存在的一些悲观态度，可以追溯到对有关文物区域分布经典著作的误读（Renfew，1972；Hodder 和 Orton，1976；Earle 和 Ericson，1977）。例如，生产生活资料的来源可以表明，人们留在当地的时间比最初基于其他证据所估计的要长（如 Duff 等，2012）。在对距离自然资源一天脚程的范围内进行的深入研究表明，资源的使用会随着时间的推移而发生变化（如 Tripcevich，2007）。关于利用考古证据推断社会网络的一种更全面的视角，我推荐马修·皮普尔斯（Matthew Peeples，2018）的著作《互联社区：古代锡沃拉世界的网络、身份和社会变迁》（*Connected Communities: Networks, Identity, and Social Change in the Ancient Cibola World*）。

【29】普瓦瓦（Pu'uwa'awa'a）是夏威夷大岛上一座直径1.5千米的火山丘的名字。它位于偏远的内陆地区，除非徒步翻越岛峰，否则很难在不经意间经过它。附近唯一有记载的永久性房屋是在欧洲人到来之后建造的，当时畜牧业的发展使这里成为一个更具吸引力的居住地。

第七章　食与农：祖先的果腹之道

【1】这也是为什么神秘博士可以若无其事地说时间"就像一团摇摇晃晃、变幻莫测的

东西构成的大球"，并乘着一座蓝色的警用岗亭飞来飞去。

【2】联合国预测，到2050年，饥饿人口总数将增至20亿。这一骇人听闻的统计数字的另一面是，大多数人并不挨饿；这固然是件好事，但不能成为忽视这一日益严重的紧迫问题的借口。

【3】在《银河系漫游指南》系列中，有一个例外证明了这一规则。故事中宇宙尽头的餐厅并不是因为人们饿了才出现的，而是因为道格拉斯·亚当斯（Douglas Adams, 1980）要借此讽刺人类在遇到的每一个自然奇观旁边都开一家餐厅的荒唐行为。我还想补充一点，作者在《再会，谢谢所有的鱼》（*So Long and Thanks for All the Fish*, 1984）中对熵的运用也很有效果。书中的偏执狂仿生人马文（Marvin the Paranoid Android）抱怨说，他的时间旅行让他比宇宙老了37倍，几乎所有的零件都被更换了至少50次。

【4】这是一项很有意义的研究，但却陷入了两个典型的考古GIS陷阱。第一个陷阱是，我们一直发现"人们更喜欢住在淡水附近"这一"新结论"。第二个陷阱是，我们令人印象深刻的总样本量会因为创建时间片而被冲淡，这些时间片中横跨多年的数据点寥寥无几。

【5】地理空间技术走在了几种统计历史跨度较大的人口数量的创新性方法的前沿，包括使用无人机估算废弃村庄的数量，作为总人口的替代指标（Duwe等，2016）。这里描述的特定模型基于CARD数据集，在各种问题之中，突出了在以与地理位置相关的遗址记录样本的基础上创建具有空间连续性的数据所面临的一些挑战。

【6】我们所掌握的关于当人们定居下来，开始种植食物而非追逐食物时发生的事情的最高分辨率图像来自欧洲。在那里，人口的繁荣和萧条被记录于庞大而详细的放射性碳年代GIS数据库中。

【7】应该说，"土地用途"一词可以指很多东西，但在大多数情况下，当考古学家说这个词时，我们指的是人们如何从环境中获取食物。

【8】如果考虑到有些家庭由来自不同文化背景、有不同食物偏好和食物过敏症的人组成，情况就会变得更加复杂。

【9】当我开始为写作本书做调研时，我兴奋地发现，除了《寻找圣杯》之外，J. H. 布伦南还写了一本关于时间旅行的书。不过，当发现这本书充满了伪科学和新纪元的胡言乱语时，这种兴奋很快就变成了失望。但我仍然向青少年读者推荐《寻找圣杯》，以及玛丽·波普·奥斯本（Mary Pope Osborne）的《神奇树屋》（*Magic Treehouse*）系列。

【10】长期以来，学者们一直在推测农业的社会和政治影响，这超出了我们如何养活自己这一显而易见的问题的范畴。这是一个宏大的话题，我不打算在此展开，但我要推荐迈克尔·J. 哈罗尔（Michael J. Harrower, 2016）的《水历史与空间考古学：古代也门与美国西部》（*Water Histories and Spatial Archaeology: Ancient Yemen and the American West*）一书，作为立足真正考古学和可靠学术研究的典范。

【11】这是斯坦福大学的生态学家彼得·维托塞克（Peter Vitousek）组织的名为"夏威夷生态系统会议"的年度活动。

【12】《席德·梅尔的文明》系列刚问世时，我很喜欢玩。但我可以写另外一本书来阐述它存在的问题有多么严重，尤其是它宣扬的关于社会如何随时间变化的狭隘、过时的观点。有关考古学家对当前版本（《文明6》）的评论，见 Mol、Politopoulos 和 Ariese-Vandemeulebroucke（2017）。

【13】在卡拉科尔，对水库、住户和梯田的分布与形态进行的新研究就是一个很好的例子，说明可以建立野外调查规模的数据集。亚利桑那州立大学的阿德里安·蔡斯（Adrian Chase）绘制了 1500 多座水库的分布图，结果发现"居民组可以使用本组或邻近组的水库或者附近的梯田"，从而使"精英阶层对这些分散的水资源的控制……变得困难或不可能"（Chase, 2016）。

第八章　昔年此地：古代社会的逆向工程

【1】这句话出自《送信人》（*The Go-Betweens*），完整引语是："往昔是一处异域外邦；那里的人做起事来是不一样的。"（Hartley, 1953）

【2】虽然这超出了本书的讨论范围，但值得注意的是，一些考古学家认为城市化和国

家的兴起必须分开考量，因为我们有一些古代国家社会的例子，它们兴起时并没有建造城市（Jennings 和 Earle，2016）。

【3】人们普遍认为考古学存在推测问题。例如，锡耶纳大学的考古学家斯特凡诺·坎帕纳（Stefano Campana，2018）指出，有限的物证只能产生"毫无根据的推测"。巴顿（Barton，2013）发出警告，称考古学家在推测方式上存在过度自信或漠不关心的危险，并论证了区分事实与虚构对于解决现实世界问题的价值。

【4】迈克尔·E. 史密斯将此与《国家地理杂志》中描绘古代纪念性建筑的方式联系起来。他并没有说错，其中许多重建工作都令人感到尴尬。

【5】造成这种差异的一个关键变量可能是家养哺乳动物及其在旧大陆的财富、贸易和战争中的作用（Kohler 等，2017）。

【6】有关最新摘要，请参阅莫妮卡·L. 史密斯 2019 年出版的《城市：前六千年》（ *Cities: The First Six Thousand Years* ）一书。

【7】关于旗帜的趣事：柬埔寨国旗上有吴哥窟主寺的图案。

【8】这些研究证实，吴哥窟不是一系列以寺庙为中心的城市，而是一整座庞大的城市。

【9】之所以被称为"可视域"，是因为它与自然界中的"流域"（watershed）类似。

【10】有许多创造性的方法可以绕过这些限制，此处不再赘述。

【11】他们称之为可视图分析（visibility graph analysis）。

第九章　作为时间机器的考古学

【1】20 多年前，地理学就迈入了数字化（Goodchild，2000），因此，对科学与 GIS（Pickles，1995）以及 GIS 与空间人文（Bodenhamer、Corrigan 和 Harris，2010）的文学评论文献也发展迅速。

【2】有两点需要说明：第一，发掘规模要尽量小，这既有现实的考量，也有道德的考量，主要是因为当我们挖掘时，即使保留了在那里发现的所有物品，也依然会破坏考古记录的相应部分。第二，我们中没有人天生就有依靠自己的力量走动的能力，而那

些长大后可以自主移动的人，其轻松程度或能力也不尽相同。因此，虽然几乎不可能说出一个人过去在地球上走过了多少路，但肯定比 1 米 ×1 米的标准挖掘范围要广。

【3】我还是以玛雅地区为例，但我也可以选择我在本书中提到的任何其他地方，以及我没有提到的其他地方。例如，在玛雅地区以外的其他中美洲地区，也有人正在利用激光雷达进行出色的地理空间考古工作（如 Rosenswig 和 López-Torrijos，2018）。

【4】令人难以置信的是，这仅仅是玛雅地区的一小部分；根据所报告的密度进行的粗略估算表明，如果使用类似质量的激光雷达覆盖整个地区，预计可以测绘出约 900 万个地物。

【5】内布拉斯加大学的考古学家希瑟·理查兹－里塞托（Heather Richards-Rissetto）在多项研究中使用了来自科潘的激光雷达数据，以营造逼真的遗址体验（Richards-Rissetto，2017）。

【6】约翰·杰伊刑事司法学院的艺术史学家埃琳·汤普森（Erin Thompson）认为，这些作品的版权注册是另一种形式的古董商收藏行为，用她的话说就是"数字殖民主义"。一项名为"开放遗产三维联盟"（Open Heritage 3D Alliance）的新倡议提供了一个归档三维模型的场所，并表示"将努力提供对捐赠者和组织提交的原始遗产三维数据的公平访问，并将帮助推进未来的操作平台建设、归档和资源组织"。

【7】该项目的网站展示了虚拟现实版罗斯伍德镇的演变过程以及大量其他信息，可以帮助游客了解罗斯伍德镇在"美国历史上一段特别动荡的时期"所处的位置。

【8】我们的研究结果与温特（Winter）等人（2018）的观点一致，即传统的可持续生态系统管理最好在地区（moku，夏威夷语）层面进行，而不是在单个社区（ahupua'a，夏威夷语）层面进行。

【9】在这里，本土知识仅指有关当地的信息，如故事和地名之类，它们可以让我们了解遥远的过去。这对于具有深厚口述历史传统的群体尤为重要。这些历史可能会，也可能不会在居住群区之外流传；可能会，也可能不会被记录下来或与地图联系起来；可能会，也可能不会在社区内部广为人知。

【10】关于本土考古学和社区考古学的文献越来越多，我向有兴趣的读者推荐两本书：索尼娅·阿塔莱（Sonya Atalay，2012）的《社区考古学：由土著和地方社区进行、与之合作并为其服务的研究》（*Community-Based Archaeology: Research with, by, and for Indigenous and Local Communities*）和凯瑟琳·L. 卡维露（Kathleen L. Kawelu，2015）的《权利与承诺：致力于构建合作模式的夏威夷考古学》（*Kuleana and Commitment: Working toward a Collaborative Hawaiian Archaeology*）。

【11】考古学家通常不会分享他们在发掘中收集到的所有数据，但这种情况可能正在改变。有一些实验利用虚拟洞穴环境来共享发掘所得的丰富地理空间数据，并以此促进未来合作（Levy 和 Jones，2018）。

【12】除了公开信息外，我对此案一无所知。不过，我从 17 岁起就开始断断续续地从事文化资源管理工作，所以对实际工作中的情况还是很了解的。

【13】为了提高工作的透明度，加利福尼亚和新西兰（奥特亚罗瓦）等地的考古学家将与代表当地社区的监督员合作。

【14】从技术上讲，60 多年来，我们一直在地球周围的轨道上、月球上、火星上以及更远的地方丢弃东西（Gorman，2019），因此可以说，我们的整个太阳系就是一个巨大的遗址。

图书在版编目（CIP）数据

时间旅行者地图：考古技术如何领我们返回过去 /
(美) 马克・D.麦科伊著；邵彦华译. — 上海：上海教
育出版社，2025.4. —（"科学的力量"科普译丛）.
ISBN 978-7-5720-3431-2

Ⅰ . K854-49

中国国家版本馆CIP数据核字第2025GC9949号

上海市版权局著作权合同登记号：图字09-2024-1027号

责任编辑　李　　祥

封面设计　蒋　　妤

"科学的力量"科普译丛

时间旅行者地图——考古技术如何领我们返回过去

［美］马克・D.麦科伊　著

邵彦华　译

出版发行　**上海教育出版社有限公司**

官　　网　www.seph.com.cn

地　　址　上海市闵行区号景路159弄C座

邮　　编　201101

印　　刷　启东市人民印刷有限公司

开　　本　700×1000　1/16　印张 12　插页 1

字　　数　158 千字

版　　次　2025年5月第1版

印　　次　2025年5月第1次印刷

书　　号　ISBN 978-7-5720-3431-2/G・3065

定　　价　69.00 元

如发现质量问题，读者可向本社调换　电话：021-64373213